KB252408

사이버스페이스 전쟁

War of the Worlds

마크 슬로카 지음·김 인 환 옮김

韓國經濟新聞社

역자의 말

　2년 전부터 정보의 바다, 인터넷이 급속히 확산되기 시작하면서 우리 주변에 「사이버(cyber)」라는 접두어가 붙은 단어들이 무수히 출현하고 있다. 마치 현존하는 모든 것에 실제와 별개로 「사이버」라는 또 다른 현상이 존재하는 것 같다. 그중 가장 대표적이고 포괄적인 말이 사이버 스페이스이다. 빌 게이츠가 『당신의 손가락 끝에 필요한 모든 정보가 있다』고 설파하고 있듯이, 모든 컴퓨터가 통신망을 통해 거미줄(web)처럼 연결되면서 전세계가 하나의 가상 공동체(사이버 스페이스 혹은 네트)로 형성되어 가고 있으며 또한 가상 사회의 시민(netizen)으로서 많은 사람들이 참여하고 있다.

　우리나라에서도 10여년 전 데이콤에서 천리안이라는 온라인 컴퓨터 통신서비스를 시작한 이래 현재 100만 명이 넘는 사람들이 가상 공동체에서 필요한 정보를 주고 받고 있다. 정부차원에서도 국가 경쟁력 강화를 위하여 정보통신의 확산에 노력을 기울이고 있다. 최근에는 언론사를 중심으로 미래의 주역인 어린이에게 인터넷을 보급하자는 운동이 전개되고 있는데, 이는 매우 고무적인 현상이라 생각된다.

이제 세계는 실질적으로 정보혁명(digital revolution)의 거대한 소용돌이 속에 있으며, 새로운 「두 세계의 전쟁」이 시작되었다. 이 전쟁은 이전의 것과는 양상이 다른, 현실 세계(real life)와 가상 세계(virtual reality)와의 싸움이다. 점차 현실 세계의 패색이 짙어지면서 가상 세계에 의한 현실의 대체 내지 가상 세계와 현실 세계의 동일시로 귀결되어지는 느낌이다. 정보혁명은 우리에게 풍부한 정보와 추상적인 접촉성을 제공하는 대가로 우리의 생활을 물리적인 세계에서 가상 세계로 옮기도록 강요하고 있다.

이러한 네트워크화된 가상 세계는 마치 살아 있는 유기체처럼 자기 증식을 계속해가면서 사람들을 점차 끌어들이고 있다. 이제 우리는 지금까지 수많은 사람이 강조해온 정보혁명의 밝은 면——여기에 대해서는 너무나 많은 정보들을 누구나 쉽게 접했을 것으로 생각된다——뿐만 아니라 또 다른 측면(야누스의 추한 얼굴)에 대해서 차분히 생각해 보아야 한다. 즉, 정보혁명이 우리 삶에 미칠 엄청난 영향력에 대해 생각해 보아야 할 때이다. 정보혁명이 완성된 후 인간 사회가 개인이 사라진 히틀러식의 집단적인 광신주의인 조지 오웰의 「대형(Big Brother)」, 벌집 속의 벌처럼 자아를 상실한 「인간 벌떼」가 되지 않도록 말이다.

이번에 출간되는 《사이버 스페이스 전쟁(War of the Worlds)》은 이러한 의미에서 사이버 스페이스가 가져올 또 다른 측면에 대한 문명 비평서이다. 지난 10여 년 간 정보고속도로에서 무한대의 속도로 달려오기만 한 우리들은 고속도로의 종착 지점에서 어떠한 일이 벌어질 것인지에 대하여 한 번쯤 생각해보는 것은 매우 의미 있는 일이며, 이 시점에서 한 휴머니스트의 속도완충기적인 책이

나온 것은 매우 반가운 일이다. 또한 이 책은 무미건조하기 쉬운
내용을 마치 이야기하듯이 재미있게 전개하고 있어, 읽어가면서
많은 부분이 자연스럽게 공감되리라 생각된다. 현재 가상 세계에
참여하고 있는 사람이나 향후 참여할 사람 모두가 이 책을 읽고
함께 생각하는 계기가 되었으면 한다.

1996년 7월

김 인 환

감사의 말

이 책은 개인적인 작품이다. 이 책이 나오기까지 많은 이들의 도움이 있었다. 그들에게 그간의 도움과 관용, 그리고 우정에 대해 고마움을 전한다.

이런 글에서는 가족은 제일 마지막에 언급하는 것이 관례이지만, 나는 내 나름대로의 순서를 정해 보았다. 이 책에서 한 부분이라도 좋거나 맞는 부분이 있다면 그것은 내 아내 레슬리(Leslie Gollin Slouka) 덕분이다. 나는 대부분의 경우와 마찬가지로 그녀의 마음과 정신에 많이 의존했다. 이 책에서 발견되는 많은 아이디어는 그녀가 생각해 낸 것이었으며 우리가 함께 한 세월의 산물이기도 하다. 실제적인 의미에서 이 책은 협동 작업이지만 그녀의 이름이 등장하지 않는 이유는 아내가 그것을 바라지 않았기 때문이다.

또 원고의 초교를 다듬어준 매늘(Andy Mannle)과 무조건적으로 자신의 시간과 에너지를 투자해 주었으며 내 이론을 인내와 호의를 가지고 귀기울여 준 너들링거(Joseph Nirdlinger)에게 감사의 말을 전하고 싶다. 그리고 쇼(Larry Sawh)는 사이버 스페이스로

가는 길을 밝혀 주었다.

마지막 단계에서 원고를 살펴보고 비평을 해준 그래햄(Wendy Graham)과 제스틴(Jennifer Jestin)에게도 감사드린다. 베이직북스(Basic Books)사의 편집자 라비너(Susan Rabiner)는 훌륭한 편집을 통해 책의 내용을 잘 살려 주었다. 카본(Linda Carbone)은 최종 단계 내내 원고가 진척되게끔 자그마한 기적을 일구어 주었다.

나의 대리인인 굿맨(Arnold Goodman, Elise Goodman) 부부는 이 책이 세상에 나올 수 있도록 해주었을 뿐만 아니라, 내가 함정에 빠지지 않게끔 많은 도움을 주었다. 내게 용기를 북돋아주고 조언을 아끼지 않은 샌디에이고의 캘리포니아 대학교 앨리노어 루즈벨트 대학의 동료들과 친구들로 이루어진 작은 동아리 내의 톤코비치(Nicole Tonkovich), 아놀드(Rebecca Arnold), 마르티넥(Mollie Martinek), 그리고 클라인(Erin Klein)에게 감사드린다.

그외 이삭(Joanne Isaac)과 베링거(Beth Beringer)는 내가 정신없이 보냈던 기간에 나를 인내로 대해 주었다. 마지막으로, 리(Sydney Lea)에게도 감사한다.

또한 내가 이 책에서 걸었던 길을 빛나게 해준 카라일(Thomas Carlyle)과 부르스틴(Daniel Boorstin)에게 감사한다. 동시대인들 가운데는 맥기번(Bill McKibben)과 버커츠(Sven Birkerts), 포스트먼(Neil Postman)에게 감사드린다. 그들의 작품에서 기쁨과 영감을 얻었을 뿐만 아니라, 그들의 영혼은 카뮈의 말처럼 최선의 비평이 가장 열정적인 확인이라는 신념을 일깨워 주었다.

마지막으로 부모님께 감사드린다. 그분들 덕분에 나는 가상 공간이 아닌 바로 여기, 이 지구, 이 시간에서 알게 된 많은 삶 가

운데 가장 큰 기쁨과 깊은 책임감을 발견하게 되었다. 부모님이
안 계셨더라면 내 임무는 달라졌을 테고 나는 다른 사람이 되었을
것이며 또한 이 책도 달라졌을 것이다.

마크 슬로카

차   례

비현실에 이르는 길

　1990년 임신한 아내를 살해하고 그 죄를 정체 불명의 흑인에게
돌린 혐의로 기소된 한 남자의 유명한 사건을 추적 조사하던 〈뉴
욕 타임스(New York Times)〉지 기자가 이웃에 사는 여자에게 그
비극적인 사건에 대해 어떻게 생각하는지 물었다.
　『그의 말을 믿습니까?』
　『그 남자를 알고 있는 사람으로서 당신은 그가 모든 것을 허위
로 날조했을 수도 있다고 봅니까?』
　『모르죠.』
그 여자는 대답했다.
　『결말이 어떻게 나는지 알 수 있게 영화가 빨리 나왔으면 좋겠
네요.』[1]
　나는 이 여자가 농담을 하고 있었다고는 생각하지 않는다. 빈정
대고 있었다거나, 아니면 대답을 회피하고 있었다고도 생각하지
않는다. 그 여자가 한 말 그대로의 의미였으리라고 생각한다. 그
비극적인 사건에 대한 영화가 그녀에게 무엇이 진실인지를――

그녀 자신의 경험보다 더 정확하게——말해줄 것이다. 영화가 그녀를 대신해 진실을 결정해줄 것이다. 그후 1년이 채 못 지나서, TV용으로 제작되었던 〈잘 자요, 내 사랑 : 보스턴의 살인자〉라는 영화가 바로 그 역할을 했던 것 같다.

내가 이 일화를 끄집어낸 것은 거의 눈에 보이지 않을 정도로 널리 퍼져 있는 문화적 추세, 다시 말해 우리가 현실로부터 점점 더 분리되고 있다는 점을 분명히 하기 위해서이다.[2] 인식하건 인식하지 못하건 간에, 점점 더 많은 사람들이 가짜를 진짜로 받아들이고 있다. 우리들은 현실에 대한 TV나 인쇄매체의 묘사에 지나치게 종속된 나머지 경험을 박탈당한 채 세계를「묘사」해 주는 매개체를 더 기꺼이 신뢰하고 있는 것이다.

이런 현상에 의해 의사소통의 문제가 발생한다. 매개체는 믿을 수 없기로 정평이 나 있기 때문이다.

모두가 잘 알고 있는 전화 게임이라는 놀이에서는 메시지가 알아 맞추기 힘들 정도로 왜곡될 때까지 한 사람 한 사람씩 다음 사람에게 속삭임으로 전달된다. 본래의 메시지를 진실 또는 현실이라고 간주한다면 오늘날의 우리는 긴 줄로 늘어선 전달자들의 맨 끝에 서 있는 셈이다. 그 줄은 수세기에 걸쳐 점점 더 길어지고 있다. 그리고 지금, 그 줄의 맨 끝자리에 익숙해진 우리는 우리에게 도달되는 픽션(가짜)을 진짜로 받아들이기 시작했다. 이는 별로 좋은 현상이 아니다. 왜냐하면 이러한 상황이 우리를 바보로 만들어 가고 있기 때문이다. 또한 이러한 상황이 우리를 집단으로 속기 쉬운 존재, 즉 어린애처럼 들은 대로 믿어 버리는 그런 존재로 만들기 때문이다. 마지막으로 이러한 상황이 우리를 위험스런 존재로 만들 수 있기 때문이다.

　실재의 사물들에 대한 추상적 개념들을 받아들이기 시작한 것은 언제부터일까? 대략 20세기 초라고 생각할 수 있다. 1900년 이전, 대다수 개개인들의 일상생활은 농지에 매어 있었고, 정적이며 지역적이었다. 수세기 동안 계속되어 오던 것과 별반 다를 것 없는 그런 생활이었다. 그러나 20세기는 일상생활의 속도와 패턴을 완전히 바꾸어 놓았다. 두 세대도 안되는 기간에 구세계(좋건 나쁘건 간에)는 사라졌다. 구세계의 상실은 우리의 존재 기반이었던 두 가지——실존하는 공동체 내에서의 우리의 위치, 그리고 물리적 자연과 우리와의 연계——의 상실을 의미하고 있다. [3]

　무엇이 우리를 비현실의 길로 접어들게 했을까? 그 목록에는 마치 쇼핑 목록처럼 현세기의 가장 극적인 경향들——도시화, 소비자 중심주의, 이동의 증가, 지역성의 탈피, 자연으로부터의 소외 등등——이 적힐 것이다. 그러나 솔직히 말하자면, 이러한 경향들의 공통분모인 과학기술이 추상적 개념을 향한 우리의 여행 뒤에 숨어 있는 실재 세력이다.

　단 한가지 예로써 내 논지를 입증할 수 있다. 모든 사람들이 알고 있듯이 비현실성은 속도에 따라 증가한다. 시간당 6마일의 속도로 걸어갈 때 우리는 그 공간의 독특한 실재를 경험할 수 있다. 그 속에서 풍기는 냄새, 소리, 색깔, 질감 등등. 시간당 70마일의 속도로 차를 몰면, 그 경험은 아주 달라진다. 차는 풍경으로부터 우리를 격리시키고 멀리 떼어 놓는다. 유리창 너머의 세상——황량한 대지이건 구불구불한 농지이건——은 비현실적으로 막연하게 느껴진다. 초음속에 이르면 그 분리는 더 완벽해진다. 3만 피트에서의 풍경은 하나의 추상적 개념, 즉 그림 또는 현실 같지 않은 현실 세계이다.

이것이 바로 우리가 그동안 익숙해져 온 비현실성이다. 그에 대한 낯설음은 습관에 의해 무디어져 왔다. 우리는 얼굴을 마주 대하고 대화를 나누던 오래된 습관으로부터 순식간에 우리 자신을 멀리 떼어놓은 전화에 큰 거부감 같은 것은 느끼지 않는다. 그와 마찬가지로, 초인간적인 속도——그리고 그와 함께 나타나는 추상적 개념의 수준——에 안락함을 느낀다. 우리는 최초의 전화 사용자들(우리의 할머니와 할아버지들)이 무생물인 수화기 너머에 있는 또 다른 사람을 개념화하는 것에 어려움을 느꼈다는 사실을 잊고 있다. 그들은 수화기를 통해 누군가에게 말한다기보다는 마치 어떤 무표정한 애완동물에게 하듯이 수화기를 의인화하여 그것에 말해야 했다. 하지만, 오늘날 물리적인 현실(실재)에 대한 그런 식의 본능적인 집착은 이상하게 느껴진다.

우리는 먼 길을 왔다. 그것도 아주 빨리. 현재 우리를 놀라게 하는 것은 주로 실제 존재들이 주는 충격이다. 대면(對面) 의사소통의 적나라함, 자연 세계의 거친 힘 등이 그것이다. 우리는 TV를 통해서는 자연 현상을 몇 시간 동안이나 관찰할 수 있지만, 실제로 숲이나 초원에 놓여지면 어찌해야 할 바를 모른다. 우리는 쓰레기를 버리는 동안 이웃과 마주치는 것을 두려워하면서도 질서와 책임을 요구한다.

매체를 통하지 않고 직접 접하면 당황하게 된다. 파티장 같은 곳에서 악기를 직접 연주하는 사람을 보면 거북함을 느낀다. 그런 일은 어쩐지 너무 적나라하다. 우리들은 그런 것보다는 오히려 그에 상당하는 대리물을 더 편하게 생각한다. MTV로 보는 에어로스미스(Aerosmith)나 아니면 CD로 듣는 아이작 스턴(Isaac Stern), 그리고 에릭 크랩턴(Eric Clapton) 같은 것들 말이다.

그리고 20세기가 끝나가는 지금, 다양한 컴퓨터 과학기술들이 우리의 긴 여행을 현실의 종결로 끌고가려 하고 있다. 그러한 과학기술이 콩코드(초음속 비행기)라면 TV나 화상회의는 자동차에 불과하다. 과학기술은 우리가 이미 생활화하고 있는 부분적인 인조 환경을 보다 완벽하게 만들 수 있는—— 현실로부터 우리를 완벽하게 격리할 수 있는—— 능력을 지니고 있다.

나는 이미 연구 발명된 수많은 과학기술들이 최근 컴퓨터 분야의 발달에 힘입어 인간이 이제껏 알고 있던 현실을 위협하고 있다고 생각한다. 나는 이러한 과정이 이미 어느 정도 진행되어 왔으며, 또 최근 공업화된 세계를 휩쓸고 있는 소위 디지털 혁명(digital revolution)에 의해 더욱 가속화되어 우리 문화에도 실로 엄청난 파급효과를 줄 것으로 생각한다.

나는 이것이 불합리한 주장으로 보일 수도 있다는 것을 인정한다. 어쨌거나 우리들 대부분은 환상과 현실을 구별하는 데 어려움을 겪지 않는다. 예를 들어 우리는 호머 심슨이 TV에 나오는 만화 주인공인 반면, 우리의 이웃은 그가 아무리 호머 심슨과 비슷한 행동을 할지라도 만화 주인공이 아니라는 것을 알고 있다. 또 아침 출근 시간의 도로나 정오의 하늘, 또는 해질 무렵 전선에 앉아 있는 새가 환상이 아니라는 것을, 두께 2인치 폭 4인치의 목재를 그린 그림도 실제가 아닌 그림일 뿐이라는 것을 알고 있다.

그러나 몇 년 안에 이 당연한 구분들이 당연해지지 않게 될 것이다. 그 혼란은 아주 작은 것에서 시작된다. 가상공간 속에서 두께 2인치 폭 4인치의 전자 막대기를 들고 그 무게를 느껴보라, 그것을 휘둘러 보라, 그리고 누군가를 때려보자. 그러나 그중 어떤 것도—— 전자 막대기도, 내가 때린 사람도, 그 일이 일어난 장소도—— 물리적인 의미에서의 실제가 아니다. 우리는 완전히 거짓된 세계, 즉 모든 감각이 환각으로만 존재하도록 컴퓨터가 이끌어 낸 환영의 세계로 우리 자신을 함몰시킬 수 있게 될 것이다. 그리고 가상공간, 즉 컴퓨터 화면 너머에 있는 낯선 비공간으로부터 빠져나올 때 우리는 실생활—— 컴퓨터 네트상으로 두문자어 RL(Real Life의 약어)로 강등된 세계—— 과 가상의 존재를 구별하기가 점차 어려워진다는 사실을 발견하게 될 것이다. 더 나쁜 것은 우리가 그 차이를 알면서도 실제 세계보다 계수화된 세계를 선택하게 될 것이라는 점이다.

이 모든 것들이 상당히 미래지향적인 것 같지만 전적으로 새로운 것은 아니다.

화이트(E. B. White)는 1938년 5월 〈하퍼(Harper)〉지에 게재된 논문에서 앞으로 과학기술이 우리가 현실 세계라 부르는 어떤 것을 침입·점유하게 될 것임을 예견했다. 『오늘날에는 존재하는 것과 존재하는 것처럼 보이는 것 사이에서, 즉 RCA사 화학자와 신의 사이에서 치열한 경쟁이 이루어지고 있다. 이미 음향 효과가 음향 그 자체의 자리를 차지해가기 시작했다』고 그는 지적하였다. TV와 라디오는 점점 더 진짜처럼 보이는 추상적인 장소, 다시 말해 어떤 다른 곳(elsewhere)을 선전하면서 시야를 넓혀가고 있다. 그는 TV와 라디오, 그리고 영화에서 보여주는 삶에 대한 「묘사」들이 그 원형보다 더 실제 같아 보이게 될 것이라고 결론지었다. [4]

화이트의 예상은 정확했다. 그의 예상이 발표된 지 불과 몇 개월 지나지 않아 미합중국 동부 해안지대의 시민들이 웰스(H. G.

Wells)의《두 세계의 전쟁(War of the Worlds)》을 각색한 라디오 드라마에 열광한 나머지, 촉수가 16개나 달린 화성인들이 지구에 침입했다고 착각하고 언덕으로 피난을 나선 사건이 일어났다. 이는 RCA 화학자들의 극적인 승리였으며, 새로운 시대를 규정짓는 순간이었다. 화성인의 습격을 피해 북쪽으로 피난갔던 수천의 사람들의 경우, 웰스의 전자적 환상은 상식과 현실을 KO패시키고 어렵지 않게 승리를 거둔 것이었다.

화성인들(아니면 전자적 환상의 세력들)은 그 이후 끊임없이 계속 나타나고 있다. 두 세계의 전쟁——현실과 다른 어떤 곳(elsewhere)의 세력과의 싸움——은 계속되고 있고 현실 또한 계속해서 패배하고 있다.

최근 유고슬라비아의 한 다큐멘터리 드라마에서 사망한 독재자 티토(Marshal Tito) 역을 맡은 배우가 베오그라드의 거리에서 평범한 시민들에게 박수갈채를 받기도 하고 욕을 먹기도 하였다. 리우데자네이루에서는 일일 단막극의 한 악당이 실제로 동료 배우를 살해하자, 실제의 살인과 TV 드라마의 줄거리가 대중의 마음 속에서 완벽하게 일치되었다. 미국 캔사스 지역에서는 폭풍 경보를 발하기 위해 낮시간 프로그램을 중단했을 때 그 지역 방송국에는 일일 단막극을 보지 못하게 된 데에 대해 분노한 시민들의 전화가 빗발치기도 했었다. 5)

현실의 영역에 대한 TV의 침범은 디지털 아방가르드(digital avant-garde)가 행하고 있는 전면적인 공습에 비하면 사소한 충돌에 불과하다. 여러분도 알다시피, 이제 경쟁은 더이상 신과 RCA 화학자 사이의 것이 아니다. 신과 마이크로소프트사, 애플사나 MIT의 컴퓨터 몽상가 사이의 경쟁이 되었다. 그리고 그들의 관심

분야는 현실을 모방하는 것이 아니다. 현실을 철저하게 대체하려고 애쓰고 있는 것이다.

『컴퓨터 세계가 현재 하고 있는 일은 물질을 가져다가 그것을 비물질로 만드는 것이다. 이제 육체는 여러가지 면에서 말로 구현될 것이다』라고 컴퓨터 카우보이 발로우(John Perry Barlow)는 말한다. [6]

그 본질로 좁혀 들어가면, 다음과 같은 사실에 도달하게 된다. 화이트가 사망한 지 불과 10년 만에 우리는 삶 자체를 컴퓨터 부호로 바꾸려 하고 있다. 즉, 물리적인 세계에서의 삶의 경험 —— 모든 감각, 모든 사소한 것들까지 —— 을 소비를 위한 제품으로 변환시키려 하고 있다. 『현재 우리는 인간의 모든 경험을 이용해서 매체에서도 같은 것을 경험할 수 있게 하는 능력을 갖추고 있다』라고 발로우는 말한다. 이 말의 의미는 간단하다. 컴퓨터 시뮬레이션이 곧 널리 보급되어(그리고 실제와 거의 비슷하게 만들어져서) 삶 그 자체에 분류 마크가 필요하게 될 수도 있다는 얘기다. 다시 말하자면, 현실은 언젠가 별표를 달고 나타날 수도 있다는 것이다. [7]

이 모든 것은 전혀 놀랄 만한 것이 아니다. 결국 이러한 것들은 인텔리전트 소프트웨어, 인공의 삶, 그리고 가상의 모든 것들에 내재되어 있는 원격재현(telepresence)과 몰입기술(immersion technology) —— 이들은 우리를 철저히 감각적이고 인공적인 세계로 데려다 줄 것을 약속한다 —— 이 만드는 기적과 경이의 날들이다.

가상 사회들, 그 일부는 시민의 수가 10만 이상에 달하기도 하는데, 그러한 사회들이 현재 우리가 가지고 있는 컴퓨터 화면상의 창을 통해 접근 가능하다.

대부분의 사회에는 집과 매춘부와 또 어린이들을 위한 나무 위의 집이 갖추어져 있다. 〈사이버 스페이스(cyberspace)〉지의 제작자 쿼터만(John Quarterman)에 따르면, 5년 이내에 전세계적으로 10억 이상의 사람들이 디지털 세계에 거주하게 될 것이라고 한다. 버클리 대학의 페리스(Timothy Ferris) 교수는 『소파에 앉은 채로, 할머니가 사라예보에서 저격수들의 총에 맞는 것을 6가지의 카메라 각도로 보게 될 것』이라고 말한다. [8]

어느 정도 과학기술에 대한 지식을 갖춘 사람들에게조차 이 모든 것이 비현실적, 다시 말해 자연과학과 공상과학, 2진 부호와 풍선껌을 기이하게 혼합해 놓은 것처럼 보일 수 있다. 한 가지만 예를 들어보자. 조만간 가정용 컴퓨터에는 얼굴이 붙어 나올 것이다. 우리의 몸짓을 이해하며 심지어 표정까지 읽을 수 있는 그런 얼굴 말이다. 그 눈은 방에서 우리의 뒤를 따라 다니게 될 것이다. 우리는 그것과 이야기를 나누고, 그것과 논쟁을 하고, 그것과 시시덕거릴 것이다. 그것이 남편이나 아이의 모습과 비슷하도록 프로그램을 짤 수도 있을 것이다. 아니면 교황을 닮도록. 감정도 가지게 될까? 내기를 해도 좋다. 그것에 대고 소리를 지르면 움찔하거나 움츠러들 것이다. 어쩌면 울지도 모른다. 『우리가 원하는 것은 지능이 아니라, 바로 인간성이다』라고 소니 컴퓨터 과학연구소의 연구원 다케우치(Akikazu Takeuchi)는 말한다. [9]

우리는 인간의 마음과 오랜 시간을 거친 그 행적을 이렇게 대규모로 뜯어고쳐서 무엇을 만들려는 것일까? 우리들 중 RL에 있는 이들은 사이버 스페이스 공동체들——이른바 MUD, MOO, MUSH라 불려지는 것들——의 증가(그리고 끊임없이 더해가는 복잡성)를 어떻게 생각해야 하는가? 또 컴퓨터 세대 전체[10]가 지금 전자적으로 생성된 공간에서, 컴퓨터 공간 이론가들이 「깨어 있는 상태에서의 자각몽」[11]이라 부르는 바로 그것을 경험하면서 시간을 보낸다는 사실에 대해서는 어떻게 생각해야 하는가? 아니면 컴퓨터화(cyberization) —— 모든 대상들이 우리의 필요에 더욱 더 잘 반응하도록 진보된 기술을 활용하여 인위적으로 그것들에 생명을 불어넣는 경향 —— 가 급속한 진보를 이루고 있다는 사실에 대해서는? 이 모든 상황을 우리는 얼마나 심각하게 받아들여야 하는가?

우리는 현재 그런 것들을 너무 안일하게 생각하고 있다고 주장하고 싶다. 그 이유는 무엇인가? 과학기술은 결코 중립세력이 아니기 때문이다. 이는 우리의 행동을 명령하고 우리의 가치관을 재정립하고 우리의 삶을 예측할 수 없는 방식으로 재구성한다. 란셀라에르 공예전문학교 정치학 교수인 위너(Langdon Winner)가 지적한 대로, 과학기술은 정치체제 또는 입법활동처럼 사람들이 살아가는 기준이 되는 규칙들을 설정한다.[12] 디지털 혁명은 과학기술의 혁명이다. 그리고 그로 인해 탄생된 규칙들은 모든 이의 마음에 드는 것이 아닐 수도 있다.

디지털 혁명이 우리 삶에 미칠 수 있는 그 엄청난 영향력을 고려하면 —— 로흐(Steve Lohr)는 디지털 혁명의 주체자들을 디제라티(the digerati)라 불렀는데,[13] 이들이 의도하는 혁명의 영향은 원자 분열, 구텐베르크의 인쇄술 발명, 불의 발견 등과 비유된다 —— 논쟁의 결여, 반대 목소리의 부재, 비판의 침묵 등에는 뭔가 아주 무시무시한 것이 도사리고 있다고 할 수 있겠다.

그러나 의회는 관심이 없는 것 같고, 감시 단체들은 잠을 자고 있는 듯하다. 우리는 모두 함께 디지털 고속도로 위에서 배회하고 있는 것 같다. 유일한 우려는 우리 중 일부가 뒤에 처질 수도 있다는 것뿐이다. [14]

이런 상황에서는 어느 정도 경계심을 갖는 것이 올바른 자세일 것이다. 특히 디지털 혁명이 젊은이들에게 가장 큰 영향력을 행사하고 있다는 사실을 감안하면 더욱 그러하다. 이 책을 광섬유 고속도로 위에 있는 속도 완충기로 생각하기 바란다.

내 불만은 과학기술 그 자체 때문이 아니라, 새로운 응용물들이 초래할 수도 있는 결과에 대한 관심의 결여 때문이다. 나는 휴머니스트(인문주의자)이지 러다이트(영국의 산업혁명 당시 실직을 두려워하여 기계 파괴의 폭동을 일으킨 직공 단원)는 아니다. 내 자신이 옛날식 오락물들을 더 좋아한다는 것을 시인하겠지만(나는 맥과 모뎀보다는 한 권의 책이나 악기를 택한다), 그렇다고 해서 어느 곳에서나 우리의 관심을 끄는 현시대의 경이로움들——유전자 접목에서부터 레이저에 이르기까지——을 감상할 줄 모르는 것은 아니다. 과학기술의 혜택이나 아름다움에 무감각한 것도 아니다. 그러한 것들이 없었다면, 내 아내와 아들은 분만과정에서 죽었을 것이다. 따라서 가능한 한 분명히 해 두고자 한다. 나는 인텔사의 사장이자 최고경영 책임자인 그로브(Andrew S. Grove)의 「도처에 존재하는 PC」[15]라는 표현에 이의를 제기하지는 않는다.

나도 PC를 가지고 있고 또 사용하고 있다. 나는 네트(Net)상에서 이용 가능한 「대화 그룹들」을 구성하고 있는 수백만의 사람들(나는 이들 중 많은 사람들이 현실 세계의 사람들과 마찬가지로 예절바르고 흥미롭다는 것을 발견했다)과는 논쟁하지 않는다. 내

말싸움의 상대는 물리적인 세계가 컴퓨터에 다운로드될 수 있다고 (또 그렇게 되어야 한다고) 믿는 자칭 「네트 종교가들」과 「신이 되고자 하는 자들」이다. 그들은 인류의 미래는 RL(real life, 실제 생활)로서가 아니라 VR(virtual reality, 가상 현실)의 형태로 존재한다고 믿으며 자신들 나름대로의 요한 계시록을 만들기 위해 매우 열심히 일하고 있다(그리고 상당 액수의 연방 자금과 민간 자금을 쓰고 있다). 이들은 비교적 작은 규모지만, 좋지 않은 영향을 끼치고 있는 그룹이다. 이 사람들은 대다수의 사람들에게 너무 오랫동안 무시당해 왔다. 이제 우리가 귀를 기울여야 할 때이다.

소설가이자 과학기술 전도사(technoevangelist)인 쿠버(Robert Coover)가 지적한 대로, 여기에서 진정한 사안은 『인간이란 무엇인가?』 하는 물음에 우리가 어떻게 대답하는가이다. 어떤 사람들에게는 인간성이 영혼과 「깊이」, 그리고 의미와 목적의 추구, 즉 전통, 의식, 신비로움, 개인주의 등과 관련이 있다고 그는 설명한다. 또 다른 사람들에게는 쿠버와 마찬가지로 벌집(the hive)의 정신적 특성과 좀더 관련이 깊다. 여기서 벌집이란 컴퓨터 연결 시스템과 윙윙거리는 우둔한 수백만의 PC들(그것이 바로 우리이다)을 다 합친 것보다 더 큰 하나의 거대한 유기체, 즉 기계로 포괄되는 컴퓨터 과학기술——〈와이어드(Wired)〉지의 편집장인 켈리(Kevin Kelly)가 최근 이 표현을 사용했다——을 의미하는 것이다.

쿠버도 하원 의장 깅리치(Newt Gingrich)를 포함하여 다른 사람들과 마찬가지로 우리의 이러한 벌집 같은 상태로의 「진화」는 피할 수 없다고 생각한다. 『위안을 주는 과거의 동화들을 포기해야 한다는 것은 유감스러운 일이 아닐 수 없다. 나도 역시 마찬가지로 유일하고 중요한 존재, 보다 심오한 진리와 연결된 존재, 공인된 존재가 되고 싶다. 나는 나라는 자아를 가지길 원한다. 참으로 안된 일이다』라고 그는 말한다. [16]

물론 전통, 개인주의, 정체성과 같은 동화를 버리는 것이 곧 하락세를 의미하는 것일 수도 있다는 점을 쿠퍼는 인정한다. 『과거의 꿀벌들이 알렉산더 대왕이나 징기스칸 같은 여왕벌의 지배 아래 모였다면, 미래의 꿀벌들이 자신들의 주인으로부터 빠져나올 가능성은 별로 없을 것이다』라고 그는 지적한다. 내 생각으로는 꽤 타당해 보인다. 그러면 「벌떼에 합류하지 않는 것들」은 어떻게 될 것인가 하고 혹자는 의문스러울 수 있다. 『의심할 여지 없이 짓밟히게 된다』고 쿠퍼는 말한다. 『「아는 게 힘이다」라는 학자들의 원칙이 그들을 주변의 고깃덩어리로 만들 것이기 때문이다.』

「주변의 고깃덩어리」라는 표현이 이 책의 내용을 거의 설명해 주고 있다. 3조 5,000억 달러의 가치가 있는 산업[17]을 추진하고 있는 상당수의 영향력 있는 개인들——과학자들, 학자들, 저자들, 공학자들, 컴퓨터 프로그래머들——이 인간의 육체를 고깃덩어리로 부르기 시작할 때(이 표현은 디제라티 사이에서는 일반적인 표현 중 하나이다), 그 때가 바로 어리석게도 자신의 것에만 집착하는 이들이 주의를 기울이기 시작하는 때이다. 과학기술이 만들어 내는 환희를 동경하는 열광자들의 새로운 문화(sub-culture)에서 벌떼에 합류하지 않은 이들을 PONA(people of no account)로 분류하기 시작할 때야 PONA들은 무엇이 중요하고 무엇이 중요하지 않은지에 대해 묻기 시작할지도 모른다.

『인간이 더이상 살(육체)에 대해 동경하지 않는다면 남는 것이 무엇이겠는가?』하고 발로우는 식인 행위가 아닌 인간적 접촉이란 의미에서 이렇게 묻는다. 좋은 질문이다. 『마음은 네트에 업로드되어 탄소에 근거한 조상들의 환경이 그랬던 것과 똑같이 자립 능력을 갖춘, 사이버 스페이스라는 전압으로 이루어진 환경을 떠다니며 계속 유지되어질 수도 있다』고 그는 희망적으로 말한다. [18)]

나 자신처럼 벌떼에 합류하지 않은 PONA들에게 이 말은 전혀 고무적이지 못하다. 나는 내 자신의 탄소에 근거한 육체와, 그리고 내 아내와 아이들 또 친구들의 탄소에 근거한 육체가 좋다. 탄소에 근거한 내 개와 탄소에 근거한 내 정원이 좋다. 그리고 나는 쿠버의「주변의 고깃덩어리」라는 이미지를 빌려서 표현하자면, 특별히 나 자신을 디지털 고속도로 위에서 고장나 버려진 차라고 생각하지 않는다.

새로운 초월론자들에 대해 내가 느끼는 거북스러움과 불쾌감은, 생각컨대 물리적인 세계, 현재의 순간, 인간의 마음의 힘과 한계들에 대한 나의 본능적인 충성에서 기인하는 듯하다. 나는 이러한 것들을 개선시키거나 또는 대체하는 경향이 있는 것이라면 그 어떤 것이라도 먼저 의심부터 하게 된다. 우리 모두가 그래야 한다고 믿는다.

나는 삶에 있어서의 근본적인 것들——예를 들어, 현실에 대한 감각이나 개체성——을 이리저리 뜯어고치는 일이 경솔하게 시작되어서는 안된다고 생각한다. 또 과학기술의 진보란 때로는 있기도 하고 때로는 없기도 한 것이며, 또한 불가피성이라는 것 (이의나 논쟁을 압도하기 위해서 과학기술자들이 사용하는 효과적인 방법)은 기적과 괴물 양자를 숨기는 구실이라고 생각한다.

쿠버와 그의 동료는 어쩌면 나의 별스러운 소심함, 대책 없이 감상적인 가치관을 알아차릴 수도 있다. 나는 그런 것을 지니고서야 살 수 있다. 어찌되었건 내게는 다음과 같은 결론으로 귀결된다. 인간의 문화는 인류가 동일하게 느끼는 감각을 토대로 자라나며 그 감각을 항상 공유하고 있다. 칼에 베면 피가 나오게 마련이고 비누 풍선은 항상 터지게 마련이기 때문에 우리들은 서로간에 의사 소통을 할 수 있는 것이다. 감각을 단절시키도록 설계된 과학기술, 또 다른 대안적인 세계 —— 추상적이지만 그럼에도 불구하고 완벽하게 거주할 수 있으며, 실제처럼 느껴지나 오직 컴퓨터 스크린을 통해서만 접근 가능한 —— 를 제공할 수 있는 과학기술은 위와 같은 공통의 기반 대신 과학기술자들이 우리를 위해 만든 것으로 대체할 것이다.

그리고 이런 일은 그다지 바람직한 것이 아니다. 왜 그런가? 넓은 의미에서 인간의 역사는 세계와 우리의 논쟁에 대한 기록이기 때문이다. 현실은 도덕 체계의 가장 큰 기준이었으며 현재에도 그러하기 때문이다. 간단히 말해서, 세계는 주변 상황을 제공하며, 그러한 주변 상황이 없다면 도덕적인 행위는 불가능하기 때문이다. 우리로 하여금 이것이 저것보다 더 낫다라는, 다시 말해 음식물이 굶주림보다 낫다, 동정심이 고문보다 낫다 등의 가치판단을 해야 하도록 만들고 또 그럴 수 있게 해주는 것은 바로 생사고락이라는 물리적인 사실들이다.

가상 시스템은 우리에게 세계와 유리된 현실, 즉 존재의 한계와 책임으로부터 분리된 현실을 제공함으로써 도덕과 전혀 상관없는 우주를 어렴풋이나마 보여준다. 이를 분명히 해주는 예를 하나 살펴보자. 최근 사춘기 이전의 소년들 사이에 인기가 많은 CD-ROM 비디오 게임인 〈나이트 트랩(Night Trap)〉에서는 뱀파이어들이 거의 전라의 여자들 목에 구멍을 뚫은 뒤 고기를 걸어 두는 고리에 건다. 가상 현실에서는 여러분도 뱀파이어가 될 수 있다. 단지 고통을 주기 위해서. 책임도 없고 결과도 없다. 구멍이 난 몸은 버튼 하나를 누름으로써 치료되고 비명 소리는 허공 속으로 사라진다. 여러분은 디지털 형태의 죽은 자들을 소생시켜 다시 한 번 더 죽일 수도 있을 것이다.

이러한 새로운 과학기술들은 다분히 사회적인 의미를 함축한다. 그들이 안고 있는 문제는 대체로 도덕에 관한 것이며, 이것이 초래하는 위험은 전례가 없는 것이다. 이 실험에서 우리 자신이 다른 실험에서보다 훨씬 더 강력한 새로운 혼성물, 2파운드짜리 쥐가 될 것이라는 점을 제외하면, 이들은 유전공학으로 탄생한 문화적 상당물인 셈이다.

그렇다면 결국 현실에 대한 우리의 감각을 바꾸어 놓는 과학기술이란 과연 어떤 의미일까? 그 과학기술은 우리에게 어떤 영향을 미칠까? 아무도 모른다. 인간들(물리적인 세계의 제약과 압력에 대한 반응으로 수백만 년에 걸쳐 진화해 온)이 비물질적인 환경에서의 존재에, 또는 인간 환경의 전면적인 컴퓨터화에 어떤 반응을 할지에 대해 과학기술 공상가들에게 물어 보면, 그들은 경쟁이라도 하듯 자신들은 잘 모른다고 시인할 것이다. 이러한 문제가 그들과 별 상관이 없어서일까? 아니면 그들을 두렵게 만들기 때문일까?

전혀 그렇지 않다. 『삶에서 가장 좋은 것들이 실은 무서운 것들이다.』 최근 켈리가 내게 이런 말을 했다. 『진심이야.』[19] 우리들에게는 불행한 일이겠지만 아마 나머지는 진심이었을 것이다. 그렇게 우리는 두 눈을 가리운 채, 바닥에 발을 대고 좁은 협곡을 건너간다.

이런 나의 우려는 비전이 부족하기 때문일까? 분명히 그렇지는 않다. 얼마 전에, 나는 발로우에게 현실 세계를 뒤에 남겨 놓음으로써 어떤 이점이 있을 수 있겠는가 하고 물었다. 『현재의 그 어떤 개인에게도 이점이 별로 없다』고 그는 대답했다. 그는 이어서 『오히려 이점은 실제 세계를 떠나는 것과는 상관이 없다. 현재 많은 전진적인 힘들이 작용하고 있으며 그 대부분이 우리에게 불리하게 작용하고 있다. 그러한 것들은 모두 변경 불가능한 것들이다』라고 말했다. 그러나 육체를 떠나는 문제, 다시 말해 우리 자신을 네트에 업로드시키는 것은 어떠한가? 하고 내가 물었다. 『마찬가지로, 그것은 이점의 문제가 아니라 불가피성의 문제다. 그런 일은 현재 일어나고 있고 앞으로도 계속될 것이다.』

『만일 내가 그것을 멈출 수 있다면 그렇게 하겠다』고 그가 대답했다. 그렇다면, 이러한 전망(말하자면, 육체를 초월한다는)에 겁을 먹을 수도 있는 사람들에게는 무어라 하겠는가 라고 묻자, 그는 『그들이 옳다』라고 말하면서 철학적 의미를 담은 듯 어깨를 으쓱해 보이며 말을 마쳤다. 『그러나 어차피 폭포에 휩쓸릴 거라면 차라리 그것을 즐기도록 노력하는 것이 낫지 않겠는가. 』[20]

* * *

나는 올리버 스톤(Oliver Stone)이 아니다. 나는 음모 이론들에는 관심이 없다. 또한 디지털 신시대가 가져다 줄 수도 있는 굉장한 혜택들을 그럴듯한 말로 얼버무리고 싶지도 않다. 내가 지금껏 언급한 대로 과학기술은 한 쪽 면만을 가진 문제가 결코 아니다.

오히려, 나의 우려는 몇몇 진부한 사실들에 바탕을 두고 있다. 말하자면 자유 시장이 통제하기 힘든 여러 세력들을 자유롭게 해방시킬 수 있다는 사실, 과학기술의 혁신은 가치나 도덕의 문제와는 별개인 그 나름대로의 논리를 가지고 있다는 사실, 그리고 일부의 과학기술들 —— 특히 우리가 알고 있는 기존 문화를 변화시킬 것을 약속하는(또는 위협하는) —— 은 지켜볼 가치가 있다는 그런 사실들 말이다.

주(註)

1) Constance L. Hays, "Illusion and Tragedy Coexist After a Couple Dies", *New York Times*, 7 January 1990.

2) 물론, 플라톤 이래 문제의 여지를 남겨온 「현실」이라는 용어가 최근 정치적 지뢰밭이 되고 있다는 것을 알고 있다. 그러므로 오해의 소지를 없애기 위해 가급적이면 용어의 의미를 분명히 해 두고자 한다. 마치 취향처럼 현실도 주관적인 것이라며, 종족·성·경제 계층·교육 등의 산물이라고 주장에 대해 나는 반박하지 않겠다. 그러한 자격 부여는 타당하기도 하고 또 맞는 얘기이기도 하다. 그러나 그와 동시에 나는 사실이 주관성, 언어, 전망이라는 층들에 따라 달라진다고 믿는다. 쾰른이나 캘리포니아의 신나치주의자들은 역사적 사실이 확고한데도 불구하고 대학살을 나와 다르게 정의할 수도 있다. 여기서 내가 말하고 있는 현실은 변경 불가능하며 경험적이며 역사적으로나 문화적으로 상대적인 의미를 가지지 않는 바로 그런 의미의 현실이다.

3) 물론 20세기 문화적 변화의 급격한 가속화는 역사적으로 자명한 사실이다. 미국 문화에서의 이러한 변화를 가장 생생히 기록하고 있는 문서 중 하나가 Robert S. and Helen M. Lynd, *Middletown : A Study in Contemporary American Culture* (New York : Harcourt Brace Jovanovich, 1959)이다.

4) E. B. White, "Removal", reprinted in *One Man's Meat* (New York : Harper Colophon, 1983), 2~3.

5) Roger Cohen, "Tito Lives Again But Like Ex-Nation, Is Bewildered", *New York Times*, April 30, 1994, 4 ; Alma Guillermoprieto, "Obessed in Rio", *The New Yorker* (August 16, 1993) : 44~45. 길러모프리에토는 자신 친구의 말을 인용하고 있다. 『브라질 사람들은 수년 전에 이미 가상 현실을 발견했어. 그들은 언제 「텔레비전」 화면 속으로 들어가야 하고 또 언제 나와야 하는지를 전혀 모르고 있거든.』

6) Interview, Julian Dibbell, "Net Prophet", *Details* (August 1994) : 100.

7) 상동. 『삶이 어느 정도나 전달될 수 있는가는 매우 무시무시한 문제이다. 지금까지 성공적으로 기계에 운반되어진 생활 속성 중 일부에는 자기 재생, 극기, 제한된 자가 수선, 완만한 진화, 부분 학습 등이 포함된다』고 발로우의 친구이자 〈와이어드〉지의 편집위원인 켈리(Kevin Kelly)는 말한다. Kevin Kelly, *Out of Control : The Rise of Neo-Biological Civilization* (Reading, Mass. : Addison-Wesley,

1994), 2. 「완만한 진화」와 같은 용어들이 시사해 주는 것처럼 켈리의 과학은 자못 의심스러운 부분이 없지 않다. 흥미로운 것은 확신 뒤에 숨어 있는 예민함이라고 나는 생각한다.

8) 쿼터만은 Peter H. Lewis, "Cyberspace Is Looking a Lot Like Christmas", *New York Times*, 25 December 1993에서 인용하였음. Timothy Ferris, "The Future Is Coming", *New York Times*, 12 November 1993.

9) Andrew Pollack, "Japanese Put a Human Face on Computers", *New York Times*, 28 June 1994에서 인용.

10) 이 용어는 Allucquere Rosanne Stone, "Will the Real Body Please Stand Up？", in *Cyberspace : First Steps*, ed. Michael Benedikt (Cambridge, Mass. : MIT Press, 1991), 92에서 나온 것임.

11) 상동, 94.

12) Langdon Winner, "Do Artifacts Have Politics？", in *Technology and Politics*, ed. Michael E. Kraft and Norman J. Vig (Durham, N. C. : Duke University Press, 1988), 43.

13) Steve Lohr, "For Computer Convention, Be Sure to Pack Vision", *New York Times*, 24 September 1993.

14) 물론 눈에 띄는 예외들도 존재한다. 칼리슬(Thomas Carlysle)과 웰스(H. G. Wells) 같은 회의주의자나 인문주의자의 명예로운 전통을 계속 이어나가고 있는 맥키벤(Bill McKibben)과 포스트만(Neil Postman)은 과학기술의 진보로 말미암아 우리가 자연 세계와의 중재되지 않은 직접적인 접촉을 통해서만 이용 가능한 정보(맥키벤)와 광의적으로 인문주의적 문화라 칭할 수 있는 것의 고유한 가치들(포스트만)로부터 멀어지기 시작했다고 주장했다. Bill McKibben, *The Age of Mis-sing Information* (New York : Random House, 1992), and Neil Postman, *Technopoly : The Surrender of Culture to Technology* (New York : Vintage Books, 1992) 참조.

15) 이 용어는 1994년 6월 28일자 PC Expo에서의 그로브(Andrew S. Grove)의 기조연설을 녹화한 인텔사의 공식 비디오테이프에서 나온 것임.

16) Kevin Kelly, "Embrace It", from "The Electronic Hive : Two Views", *Harper's Magazine* 288 (May 1994) : 21. 켈리는 *Out of Control*, esp. pp. 11~28에서 전자적 벌집이라는 자신의 개념을 부연하고 있고 나는 제4장에서 켈리에 대해 부연 설명하였음. 인용문은 쿠버(Robert Coover)가 "하퍼" 지에 보낸 편지에서 따왔음. *Harper's Magazine* 289 (August 1994) : 4.

17) 여기에 인용된 추정치는 Steve Lohr, "For Computer Convention, Be Sure to Pack Vision", *New York Times*, 23 September 1993에서 나온 것임.

18) 인용구는 발로우(John Perry Barlow)가 〈하퍼〉지에 보낸 편지에서 따왔음. *Harper's Magazine* 289 (August 1994) : 5.

19) 켈리, 1994년 7월 27일자 개인 E-메일. 놀이 공원에 대한 이런 태도는 디제라티
   사이에서는 일반적인 것임.
20) 발로우의 1994년 7월 22일자 개인 E-메일.

현실은 죽음이다
-사이버 스페이스의 정신-

내가 가상 시스템의 세계를 처음으로 알게 된 것은 캘리포니아 주립대학에서 20세기 문화에 대한 대학생 세미나를 지도하고 있을 때였다. 지적이고 재치 있는 여성 주임 강사는 컴퓨터 가상공간——아직은 본질적으로 미발달 상태에 있지만, 6개 관련 분야의 해커들에 의해 지배되는 연구분야——에 관해 전문가 내지는 전문가에 가까운 수준을 갖추고 있었다.

모든 강좌는 그 나름대로의 특색을 가지고 있다. 어느 부분을 강조를 하고 어디서 사이를 띄우느냐에서, 우리는 그 강사 자신의 관심사가 무엇인지 간파할 수 있다. 제1차 세계대전부터 현재 및 「그 이후」에 이르기까지의 동시대 문화에 대한 10주간의 조사에 대한 특별 강좌에 놀라움을 느끼게 된 첫번째 계기는 니체와 다다이스트들(전위주의자)에 대한 이례적인 강조였다. 3국동맹과 뮌헨 조약, 유럽의 경제적 주도권의 감소, 탈 식민지화의 영향 등에 대해서는 거의 알지 못하는 학생들이 자동기술(記述)의 중요성을 설명하고 듀챔프의 샘(Duchamp's Fountain)을 인정하고 그에 대해 토론하며 『파괴자가 곧 창조자이다』라는 니체의 격언을 암송할 수 있었다. 사실상 모두가 합리론과 객관성에 대한 공격의 타당성, 서구 자유주의의 도덕적 타락을 이해하였다.

물론 그 중 어떤 것도 특별히 새롭거나 불온하지는 않았다. 감소하는 음모 이론에 대해 만반의 준비를 갖추고 있는 청년들에게 꼭 맞는 이론은 그와 같은 「가치 구조」의 제국주의였다. 객관성은 거짓이었다. 역사도 거짓이었다.

무정부주의자 바쿠닌(Mikhail Bakunin)이 지적했던 대로 진리는 강자가 약자에게 휘두르는 채찍 이상의 그 무엇도 아니었다. 나는 그 이전에 이러한 정의를 들었는데, 타당하다고 생각했다. 오히려 상당부분은 그에 동의하기까지 하였다. 논조가 다소 거칠어지면 주간 토론 시간을 이용하여 완화시키고 또 정교하게 다듬곤 했다. 매주 나는 참을성 있게 그리고 완강하게 도덕의 문제를 현대 문화에 대한 등식에 재도입하곤 했다.

그럼에도 불구하고 시간이 흐름에 따라 불편함을 느끼게 되었고 그 느낌을 참기가 힘들었다. 학생들에게는 학구적 담화의 변증법적인 특성을 언급함으로써 그 강사와 나 자신 사이의 차이점도 감출 수 있었다. 내 자신을 납득시키기가 더 어려웠다. 나는 그 강사를 좋아했다. 그녀와 함께 대화를 나누는 것도 좋아했다. 우리는 둘 다 좌익적인 성향이 있었다. 유머 감각도 서로 비슷했다. 그런데도 내 자신이 그녀에게 점점 더 내적으로 아주 미묘하게 대립해 가고 있다고 느꼈던 것은 왜였을까?

마지막 강연에 이르러서야 겉보기에 무작위적인 듯했던 불편함들이 내가 이해할 수 있는 영상으로 합쳐졌다. 강연의 주제는 미래였다. 나는 냉전 후의 힘의 균형, 민족주의의 번영, 환경 오염이 갖는 혁명적 함축성——예를 들어 국가 통치권에 대한 개념들——에 대해서 무언가를 기대하였다. 그러나 그 대신 주제는 가상과학기술이 앞으로 담당하게 될 역할이었다.

우리는 이미 과학기술에 의한 인공기관들 덕택에 인간의 몸이 가지는 한계로부터 해방되기 시작했다고 들어왔다. 가능성은 무궁무진했다. 우리 손자 시대에 이르면 인간의 신경계를 컴퓨터에 직접 연결하여 인간의 의식을 RAM(Random Access Memory의 약어)에 다운로드시켜서 인공의 상태로 효과적으로 보존하는 것이 가능하리라 확신했다. 멀지 않은 미래에 자연과 과학기술 사이의 분리선——농경의 발명 이래 이는 잘못된 양분법이라 들어왔다——이 사라질 것이다. 일반적으로는 유전공학이, 특수하게는 휴먼 게놈 프로젝트(Human Genome Project)가 이미 그 선을 불분명하게 만들었다.

사이버 스페이스 시스템은 계속 발전·확장되어 물리적 공간, 정체성, 공동체에 대한 우리의 정의를 근본적으로 바꾸어 놓을 것이다. 이미 세계의 여러 지역에 있는 수많은 사람들과 동시에 연결되는 것이 가능해졌다. 그리 멀지 않은 장래에 그들을 만지는 것도 가능해질 것이다. 피드백(feed back) 기술이 여러분의 신경계에 직접 접촉되는 것 같은 환상을 제공할 것이다. 물리적인 존재는 선택 사항이 되어 언젠가는 하나의 겉치레가 되고 말 것이다. 그리고 육체적 자아의 발달이 사회의 진보보다 뒤쳐져 왔던 것과 마찬가지로, 공동체(옛의미 그대로) 또한 뒤쳐지게 될 것이다. 즉, 인간이 진보하는 신기원이 도래할 것이다. 몸과 마음을 분리시켜서 상상한 내용을 실현시켜 줄 수 있고(또는 다른 사람의 상상을 경험할 수 있도록 해줄 수 있는), 나름대로의 행동규칙을 가지고 전자적으로 생성된 공간에서 서로 만나게 해줄 수 있는 컴퓨터들에 접목함으로써 우리는 마침내 우리 종의 완성을 이루게 될 것이다. 이 새로운 시대에서는 자신과 타인, 여성과 남성, 자연과 기계, 심지어는 삶과 죽음 사이의 경계들이 사라질 것이다.

현실이라는 단어는 모든 의미를 잃거나 아니면 인식이 불가능할 정도로 전이될 것이다. 죽음은 완전히 설 자리를 잃게 될 것이다. 만일 여러분이 죽은 아내나 남편을 그리워한다면 가상 세계에서 다시 만날 수 있을 것이다. 함께 산책하고 진한 커피를 마시고 사랑을 나눌 수 있을 것이다.

이것이 전부가 아니었다. 정말이지 굉장한 강연이었다. 고백컨대 이 강연에 대한 내 첫반응은 일종의 재미 정도였다. 새로운 농담거리 같았다. 이로 인해 새로운 여행사들이 생겨날 것인가? 가상의 휴가? 누군가가 상대없이 혼자 섹스를 하라고 한다면 그렇게 할 수 있겠는가? 재미는 점차 약간의 홀린 상태로 변해 갔다. 불멸과 또다른 세계에 대한 이 모든 강연, 즉 신체를 향한 이 모든 적대감 등은 과학기술적인 기독교가 아니고 무엇이었겠는가? 몇 개 용어들을 바꾸고 과학기술 전문용어들의 기저를 살펴보면 동일한 기본 구조와 동일한 동기 부여와 두려움을 발견하게 될 것이다. 문화적 형태의 적응성에 대한 한 예로서 약간 흥미로울 뿐 그 이상은 아니었다. 예언들 자체도 모호하고 말도 안되는 미숙한 공상처럼 보였다.

그렇다면 제재가 그토록 투명하고 또 그토록 쉽게 무시될 것이었다면 왜 나의 호기심이 짜증으로 변했던 것일까? 왜 마지막 강연후 일주일 내내 그것의 흠을 들추어내고 그것과 논쟁을 벌여야 했을까? 내 세 살짜리 아들애를 데리고 최종시험을 찾으러 갔을 때 그 강사가 그 애에게 반은 코끼리이고 반은 젖소인 2인치 정도의 잡종 동물을 건네주는 것을 보면서 불온한 느낌을 받았던 건 왜였을까? 그녀는 자신의 사무실에 온갖 종류의 그런 작은 괴물들을 소장하고 있었다. 돼지코의 토끼들. 큰 개의 머리를 한 말들. 아무것이나 가지고 놀던 아들애는 그것들을 만지지도 않으려 했다. 『그런 이상한 동물들은 싫었어요.』 차로 돌아오면서 그 애가 한 말이었다.

그건 나도 마찬가지였다. 왜 그것들이 싫었는지 그 이유를 알아내고 하는 과정에서 지난 10주 동안 내가 느껴왔던 본능적인 저항감의 중요성을 어렴풋이나마 느끼게 되었다. 나의 반응은 일종의 과학기술 절대주의, 어떤 미래의 이상형을 위하여 기꺼이 선남선녀들의 삶을 이리저리 뜯어고치거나 또는 무시해 버리는 경향에 대해서였음을 깨달았다.

결국 모든 성향의 전체주의자들은 언제나 세계를 자기 자신들의 이미지로 변환시키려는 공통된 욕망으로 연결되어 왔다. 전체주의적 미래상은 그것이 유토피아적 환상이건 디스토피아적 악몽이건 간에 청결함과 질서, 그리고 통제에 대한 선점유뿐만 아니라 일상적으로 온통 혼란에 파묻혀 있는 세상에 대한 혐오를 공유해 왔다. 또한, 끝없는 오만함과 「다른 세계」라는 자신들의 이상에 대한 굳건한 믿음을 그 특징으로 삼아 왔다.

전체주의는 세상의 한 부분을 또다른 한 부분을 위해 파괴했다. 가상 시스템의 이론가들은 한술 더 떠서, 세계에 대한 그들의 거드름은 더 완벽했다. 그들은 전원의 행복, 어떤 튜튼(Teutonic) 또는 범슬라브적 하이마트(Heimat, 고향이라는 의미의 독일어)를 되찾는 데는 관심이 없었다. 그들이 원했던 건 계시였다. 다시 말해서 그들의 감성은(그 구분이 불확실하긴 하지만) 정치적이라기보다는 종교적 성향이 더 강한 듯했다.

그러나 종교적 절대주의도 그것을 제대로 설명하기에는 역부족이었다. 예를 들어 현세의 삶을 내세의 삶에 종속시키기 위해 세계를 부정하고 신체를 비난하는 면에서 타의 추종을 불허하는 기독교는 그 대다수 형태들을 이 세계 기존의 구조들로부터 끄집어냈다. 가령 교회의 반석, 생명의 나무, 그리스도의 세계 등이 그것이다. 그리고 내게는 항상 이러한 것들은 보이지 않는 향수를 암시하는 듯했다.

이 타락한 세상에 대한 증오의 밑바닥에 요한 계시록이 그 밑바닥에는 억제된 그리움이 숨어 있었다. 결국 새로운 예루살렘이 이 세계에 강림할 것이었다. 반면에 사이버 스페이스 혁명은 우리가 알고 있었던 세계를 지워 버리려고 한다. 이는 기독교와 동일한 정신을 가지지만 더 크고 냉혹했다.

멜로드라마처럼 들릴지 몰라도 나는 그 안에서 이 세계의 존재로서 이전부터 알아온 삶에 대한 근본적인 위협을 감지했다. 나는 언제나 힘과 용기와 심지어는 사랑에까지 그 의미를 부여하는 것은 물리적 세계와 우리와의 연결이라고, 그것이 그 얼마나 일시적이고 그 얼마나 미약하든 간에 믿어 왔다.

그러나 사이버 스페이스의 세계에서 이런 우려들은 이미 진부한 것이었다. 위험이 없는 세계에서 힘이나 용기란 과연 무엇일까? 운명이 존재하지 않는 사랑이란 무엇일까?

간단하게 말해서 내가 직면하고 있던 것은 도덕적 진공상태였다. 내가 감지한 것은 세상과 그것이 안고 있는 문제들에 대한 연민의 완전한 결여였다.

가상의 공동체에서 살 수 있는데 무엇 때문에 발칸의 진짜 공동체들의 붕괴에 대해 이야기하겠는가? 자기 나름대로의 환경을 창조할 수 있는 마당에 생물학적 다양성의 중요성과 서식지 파괴가 갖는 함축적 의미들에 대한 문제를 왜 제기하겠는가?

그 강사의 견지에서 볼 때 자연은 이미 과학기술이었다. 그녀의 미래에서는 종들간의, 전체 왕국들간의 지워진 경계들을 대변하는 혼성물이 새로운 화신이 될 것이다. 그러므로 내게는 베들레헴을 향해 웅크리고 있는 야수는 개의 머리를 한 아이일 것이고 모래 그 자체는 타오르는 열, 사이버 스페이스에서 사막은 가상의 꿈일 것 같았다. 물론 내가 계시적 공상에 빠진 것은 아니다.

* * *

내가 사이버(cyber-)라든가 하이퍼(hyper-)라는 접두사들이 대중매체에 빈번히 그 모습을 드러내고 있다는 사실과 새로운 과학기술이 사회 전체를 잠식해 가고 있다는 것을 깨닫기 시작한 것도 바로 이 시점에서였다. 우리 동네의 신문 가판대——언제나 문화적 추세를 말해 주는 기준 역할을 해준다——에서《미래의 성(Future Sex)》이라는 잡지 제1호가 내 주의를 끌었는데, 이 잡지는 성인 비디오에서의 새로운 세계 질서에 대해 상세히 알려주고 또 전자 마스터베이션에 관한 모든 의문을 해결해줄 뿐 아니라 사이버그 섹스 노예와 3차원 디지털 오르가즘 그리고 가상 현실의 섹스에 대해 최신 정보까지 제공한다고 주장했다.

그 최신 정보란 다름아니라 가까운 미래에 우리가 가상 공간에서 섹스를 할 수 있게 되리라는 것이었다. 컴퓨터가 우리의 환상을 진짜로 만들어 주리라고 했다. 우리의 주문에 따라 창조되는 사이보그들은 전자적으로 만들어지지만, 우리의 감각에 느낄 수 있으며, 새로운 노예 세대를 형성하리라 했다. 우리는 그들의 창조자가 될 것이었다. 그 편집자들은 가상 섹스의 가능성들이 현실 세계의 인간 관계에는 어떠한 영향도 미치지 않을 것이라 장담하였다. 나는 지체할 수 없었다. 함께 수록된 그림들에는 큰 가슴과 물건을 잡기에 적합한 꼬리를 가진 탕헤르 오렌지빛 피부의 여성이 보랏빛 악마 같은 것과 섹스를 하고 있었다. 그 여자는 머리가 둘이나 되었는데 그 어느 쪽도 특별히 행복해 보이진 않았다. [1]

새로운 과학기술이 고급문화의 권위자들에 의해 인정되고 공상과학소설의 팬들에 의해 전유되어 왔을 때(《미래의 성》 한칸 아래 선반에 있는 〈뉴요커(The New Yorker)〉지의 커버스토리에서는 가상 세계라는 용어가 내 눈길을 끌었다) 우리는 그것이 대중의 관심을 끈다고 추정할 수 있다. 그러므로 나는 사이버 스페이스 연구의 전반에 대해 보다 깊이 살펴보기로 하였다.

나는 사이버그 섹스 노예들에 대한 기사들은 별도로 하고 가상 시스템들이 매우 인상적인 계보를 가지고 있다는 사실을 발견하였다. 살펴본 바에 따르면 사이버 스페이스 연구는 원래 1980년대 말 대규모 군사훈련을 위한 가상 환경을 개발하기 위해 군사적 이해관계로 맺어진 컨소시엄——주로 DARPA(the Defense Advanced Research Products Agency)——에 의해 착수되었다. 서유럽에서 전쟁게임을 수행하는 데 드는 재정적·정치적 비용이 급상승하자 미 국방부는 가상의 전자장치를 개발하기로 결정했다. 그들은 R&D를 위해 입찰을 시작하였고 곧 작업이 완료되었다. 심넷(SIMNET) 시스템은 200대의 엠원(M1) 탱크를 연결시켰으며 그 각각은 4명의 승무원을 태우고 컴퓨터에 의해 생성된 지형 위를 탱크의 포문으로 살펴보면서 나아갔다. 승무원은 차량과 심지어 비행기까지 볼 수 있었고, 총성뿐만 아니라 적의 소리까지 들을 수 있었다. 이는 가상 시스템 연구가들과, 그리고 군의 엄청난 재력과의 환상적인 결합의 시작이었고, 그 결합은 오늘날까지도 계속되고 있다.

국방부는 많은 구혼자들 중 하나에 불과했다. 그 목록을 보면서 나는 새로운 과학기술이 확보했던 추진력이 어느 정도였는지 감을 잡아가기 시작했다.

공군연구실들과 메사추세츠 과학기술 연구소의 드래퍼 랩(Draper Lab)에서 시작된 사이버 스페이스 연구는 선진세계 전역에 흩어져 있는 수많은 중소기업들뿐 아니라 노스 캐롤라이나 대학이나 워싱턴 대학의 휴먼 인터페이스 테크놀로지 랩(Human Interface Technology Lab)과 같은 프로그램들과 아타리, 애플, 세가 같은 컴퓨터 대기업, 그리고 AT&T 같은 통신 업체, 파나소닉과 유니버설을 소유하고 있는 워너 커뮤니케이션과 마쯔시타 같은 다국적 기업 등의 기금과 연구 설비들을 끌어들여 왔다. 과학기술 그 자체가 다방면의 역할을 해내는 것과 마찬가지로 과학기술의 응용 또한 다면적인 것으로 밝혀졌다. 그리고 그러한 사실은 이례적으로 공공부문과 민간부문 사이의 유동적인 관계를 야기시켰다. 예를 들어 비디오가 장착된 헬멧은 원래 나사의 ARL(Ames Research Laboratories)에서 개발되었지만 그것을 TV, 비디오게임, 광고, 영화에 응용한 것은 민간 회사들이었다. [2]

이 시점에서 한 가지가 꽤 분명해지기 시작하는 듯 싶었다. 가상 시스템은 일시적인 유행이 아니라는 사실이 그것이다. 이들은 사라지지 않을 것이었다. 몇몇 응용품들은 이미 시장에 진출했고, 다른 것들도 진출을 시도하고 있다. 우리집 근처의 플라워힐 몰에서 나는 눈앞에 입체 영상을 만들어내는 소형 비디오 모니터가 장착된 특수 헬멧을 쓰고 컴퓨터에 의해 생성된 3차원 세계를 체험할 수 있었다. 고개를 돌리면 컴퓨터가 내 동작을 추적해서 그에 맞게 시야를 조종해 주었다. 특수 스테레오 헤드폰을 추가하면 가상 세계를 시각적인 면에서뿐만 아니라 음향적인 면에서도 완벽하게 만들 수 있었다. 5분 동안의 가상 현실이 5달러였다.

내게 안내를 해주던 청년은 가까운 시일 내에 위치 및 동작 전송기에 연결된 특수 장갑과 의복을 입으면 내 동작들이 가상 현실에서 표현될 수 있다고 확신하였다. 몇 년 내에 그 장갑이나 의복이 가상의 견고한 물체들의 존재를 —— 그것의 무게, 촉감, 심지어는 온도까지도 —— 내게 전신으로 되돌려보낼 수 있게 될 것이다.

현실 세계는 「철저히 둘러싸인 환경」이라 지칭되는 인공적인 세계에 완벽하게 몰입하게 될 것이다. 3) 이것이 좋은 것일까? 우리는 철저히 둘러싸인 환경이 필요한 것일까? 나는 주기적으로 현실 세계와 가상 세계에서 만나게 되는 다양한 열광자들에게 이러한 질문을 던져보았다. 그들에게는 이 질문이 괴상하고 부조리하게 느껴지고 심지어는 충격적이기까지 했나 보다. 내가 기대했던 대로 거의 예외없이 그들은 그렇다는 대답 대신 외려 혼란스러운 어깨짓으로 답했다. 「좋다」라는 내 말의 의미는 무엇이었을까? 묵시적인 좌우명은 다음과 같은 것이었던 것 같다. 우리가 어설프게나마 뭔가를 이리저리 뜯어고치는 것은 우리가 그렇게 할 수 있기 때문이다. 우리가 자신과 타인, 자연과 과학기술, 고독과 공동체 사이의 경계들을 지워버리도록 운명지워지지 않았다면 그들은 자신들이 그렇게 되도록 내버려 두지 않을 것이다. 그들은 우리에게 저항했을 것이다.

내가 가장 불안하게 느낀 것은 바로 이 태도——흔들리지 않고 천진하며 본질적으로 도덕 이전의 태도——였다. 아이들도 저항을 도덕적 경계쯤으로 간주하며 누군가가 그만하라고 할 때까지는 자신들이 그렇게 할 수 있다는 이유만으로 잠자리의 날개를 찢어버릴 것이다.

나는 가상 시스템이라는 현상에 대한 나의 이해를 도와주고 또 그것들이 가지는 매력을 설명해줄 어떤 것을 발견하고자 하는 바램으로 이상한 나라의 앨리스처럼 거울 뒤로 돌진했다.

경계도 시간도 존재하지 않는 그 세계에는 기정사실도 진실도 우선적인 진리도 존재하지 않았다. 개별성, 물리적 공간, 현실 그 자체 등은 인공적이고 마음대로 조작할 수 있는 단순한 구조물들로서 우리가 사들이거나 재해석하거나 아니면 모두 함께 폐기해버릴 수 있는 그런 것들이었다. 위의 세 가지 선택 중 어느 것을 선택하는가는 중요치 않았다.

나는 그 강연자에게는 동료들이 꽤 많다는 걸 깨닫기 시작했다. 급진적인 극단론자를 표방하는 것과는 무관하게 그녀의 견해는 사이버 스페이스 공동체를 대변하는 것들이었다. 『그곳에「진짜」는 존재하지 않는다.』 사이버 스페이스 공동체의 한 주민이 네트상에서 이렇게 말하는 것을 들은 적이 있다. 『현실은 하나의 습관에 불과하다. 하나의 사고방식. 단지 정보일 뿐이다.』 내가 진심이냐고 묻자 그는 너무나 분명한 것에 대해서는 더 이상 이야기하고 싶지 않다고 말하면서 내게 책 좀 읽으라고 했다. 『책 좀 읽어요.』그는 이렇게 말했다.

물론 읽었다. 그것도 여러 권. 그리고 사이버 스페이스 이론이라는 이상하고도 완전히 돌아버린 세계에서 빠져나온 나는 디지털 혁명을 철저히 이해하기 위해서는 다음 두 가지 사항을 분명하게 알 필요가 있음을 확신했다.

첫째, 컴퓨터는 더이상 단순 정보처리기가 아니라 우리 삶의 특정 측면들을 점점 더 완벽하게 모방하는 일종의 특급 복사 기계로 빠르게 발전하고 있다는 점

둘째, 머리 좋고 영향력 있는 사람들이 이러한 컴퓨터 복제가 원형을 대체해야 하고 또 결국에는 그렇게 될 것이라고 믿고 있다는 점이었다.

책과 논문에서, 회의실과 교실에서, 컴퓨터 쇼와 학계 심포지엄에서 이들은 컴퓨터를 새로운 천지창조를 잉태하고 있는 전지전능한 신으로 간주하며, 자신들의 전망에 대해 복음을 전파하듯 정열적으로 토론하였다. 『문은 작고 천국에 이르는 길은 좁다』라고 성 마태가 경고했었다. 『그렇다면 대역폭(bandwidth)을 넓혀라.』사이버리스트들은 이렇게 대답하고 있었다.

부시(George Bush)의 표현대로 이들은 전망이라는 것을 가지고 있었다. 단연코 컴퓨터는 새로운 하늘나라로 이어주는 웅장한 문을 의미했다. 사이버 스페이스야말로 우리의 새로운 안식처가 될 것이었다. 오스틴에 있는 텍사스 대학 건축학 교수 베네딕트(Michael Benedikt)에 따르면 사이버 스페이스는 우리로 하여금 에덴으로부터의 추방을 보상받고 신의 은총 아래 다시 살 수 있도록 해줄 것이라고 했다. 그가 역설적으로 표현하고 있는 것은 아니었다. 그는 사이버 스페이스가 우리로 하여금 물리적 존재가 주

는 안정성을 떨쳐버릴 수 있도록 해줄 것이며, 우리가 탈출해 갈 결점없고 빛나는 완벽한 왕국이 될 것이라고 설명했다.

그렇다면 우리는 무엇으로부터 탈출하게 될 것인가? 거의 모든 것으로부터의 탈출인 듯했다. 더럽고 너무나도 세속적인 지구, 공간과 시간이 갖는 한계들, 순수하지 못하고 불안정하며 무엇보다도 성가시고 또 죽어야만 하는 운명을 가진 육체 등등. 사이버 스페이스가 우리의 모든 문제를 해결해 줄 것이었다.

나는 이 세상과 그 안의 모든 것들로부터 탈출하기를 갈망하는 이들은 일반적인 삶에 대해 매우 특별한 견지를 가지고 있으리라고 생각했다. 그리고 그건 그랬다. 베네딕트 교수는『현실은 죽음이다』라고 단언했다. 그렇다면 그의 해결책은? 바로 사이버 스페이스였다. 교수는 사이버 스페이스를 어떻게 상상하였는가?『데이터와 거짓말, 영혼의 재료와 자연에 대한 기억들, 100만 가지의 목소리와 200만 개의 눈들로 가득찬 영토… 파도처럼 부풀어 오르고 반짝거리며 윙윙거리며 경주하고 보르게시안(Borgesian) 도서관과 도시 하나… 친숙하며 확고하고 투명하고 인식이 가능한 동시에 인식이 불가능한 그런 곳이다.』[4] 이해가 되었는가?

대부분의 독자와 마찬가지로 나는 베네딕트 교수가 무슨 말을 하는 것인지 도통 이해할 수가 없었으며, 그 때문에 오랫동안 고심했다. 그리고 깨달았다. 베네딕트 교수와 그와 같은 유형의 사람들은 다른 이야기를 하고 있었다. 그의 목적은 커뮤니케이션이 아니었다. 변환이었던 것이다.

이제야 사이버 스페이스의 문학이 모두 구원에 관한 것임을 알기 시작했다. 새로운 전자 천년왕국(electronic millennium)이 그것이다. 시간과 공간, 가족과 육체를 초월하는 것 그리고 섹스도 마찬가지다. 『더이상 콘돔은 필요치 않게 될 거야.』이전의 연구 동료로, MIT의 고등 시각 연구센터에서 근무하는 스텐저(Nicole Stenger)는 이렇게 장담했다. 『사이버 스페이스가 콘돔이 될테니까.』[5]

이게 정확히 무슨 뜻이었을까? 스텐저에 의하면 육체적인 섹스는 도도새처럼 그리고 상아빛 부리를 가진 딱따구리처럼 사라져가고 있다는 의미였다.

확대된 폰섹스의 일종인 사이버 섹스는 미래의 물결이며, 난잡한 원래의 형태보다 더 깨끗하고 더 간단하며 덜 위험하다는 뜻이었다.[6] 이는 흥미로운 전망이었다. 만일 이것이 받아들여진다면 『그렇다면 이 새로운 인간, 이 미국인은 누구인가?』라는 크레브쾨르(Hector St. John de Crevecoeur)의 질문은 갱신되어야 할 것이다. 새로운 시대에 그는 한 손은 키보드 위에 두고 다른 한 손은 마우스를 쥐고 비디오 모니터 앞에 앉아 있을테니까.

그러나 문제의 요점은 섹스가 아니었다. 사이버 스페이스의 콘돔도 어떤 뭔가를 가리키는 것이며, 또 사이보르가즘(cyborgasm)이 그 아무리 공상적인 것이라 할지라도 그에 도달하기 위해서는 약간의 도움이 필요할 거라고 추정할 수 있음에도 불구하고 사실 자위이라는 단어는 사이버 스페이스의 정화된 세계에서는 거의 나타나지 않았다. 대신 욕망의 대상으로서의 컴퓨터에 대한 논의가 엄청난 양에 달한다는 것을 발견하였다.

그것은 모두 사랑에 관한 것이었다. 헤임(Michael Heim) 교수는《사이버 스페이스의 관능적 존재론(The Erotic Ontology of Cyber-space)》에서 『컴퓨터를 통한 황홀경은 심미적이라기보다는 관능적이며, 실용적이기보다는 정신적이다.』 사이버 스페이스에 접속을 한다는 것은 관능적인 애인의 역할을 맡아 심미적인 애정을 훨씬 넘어서는 성취에 도달한다는 의미이다』라고 주장하였다.

헤임 교수에 따르면 이 모든 것은 매우 간단했다. 순수한 정보로서 표현되는 세계는 우리의 눈과 마음을 매혹할 뿐 아니라 우리의 가슴을 사로잡는다. 우리는 증대된 것처럼, 능력을 부여받은 것처럼 느끼게 된다. 우리의 심장은 기계 안에서 고동친다. 이것이 바로 에로스이다. [7]

그러나 사이버 스페이스의 예방적 —— 아니 낭만적 —— 잠재력은 겨우 시작단계에 불과하다. 스텐저에 따르면 우리는 새로운 시대의 경계를 오락가락하고 있다.

그녀는 『분명 어떤 폭발이 일어날 거예요. 중력, 역사, 영토에 기초를 둔… 구질서의 빅뱅 같은 거죠』라고 주장했다. 나는 그 구질서의 빅뱅이라는 것이 무슨 의미일까 궁금했다. 우리 모두가 베데딕트 교수의 표현대로 빛나고 파도치는 마음이라는 형태로 표류하고 있는 우리 자신을 발견하게 될까? 바로 그렇다. 『문명은 균형을 잃게 될 것』이라고 스텐저는 확신했다. 그녀는 지체할 여유가 없었다. 『사이버 스페이스는 새로운 폭탄, 즉 영원의 벽에 우리의 육체와 분리된 자아를 아로새길, 평화로운 불길이 될 것이다』라고 열정적으로 말했다. [8]

스텐저가 말한 「평화로운 불길(pacific blaze)」—— 히로시마에 있었던 폭발로 그 열이 상당히 엄청나서 그 도시의 파괴된 벽에 새로이 재가 된 것들의 그림자를 새겨놓았다 —— 등과 같은 은유의 조잡성은 사이버 스페이스에 대한 이론적 저술들에서 볼 수 있는 특징이었다. 이는 단순한 현실 세계, 다시 말해 역사적 사실들과 동시대적 사건들로 이루어진 세계 —— 그 세계에서는 평화로운 불길 또는 인간의 성활동의 쾌락과 위험이 실제 사람들의 삶과 관련이 있다——에 대한 엄청난 냉담함과 권태를 내포하고 있었다.

베네딕트는『할 수만 있다면 우리는 집을 떠나지 않고 지구를 돌아다니며, 위험없이 승리를 즐기며, 십자가를 떼어 먹으면서도 벌받지 아니하고 매일 천사들과 어울리며, 천국에서 살 것이며, 죽지 않을 것이다』라는 글을 쓴 적이 있다. [9] 사이버리스트들은 하나의 집단으로서 이미 승격되어진 것처럼 보였다. 그들이 꿈꾸는 것은 천년왕국(millennium) 이후로 거의 환각에 가까웠다. 그들의 입장에서 세계는 막연히 비현실적인——반만 기억되는——꿈 같았고 인간성은 별로 중요치 않은 용어인 듯했다.

그러나 현실 세계가 사이버리스트들의 관심을 끌지 못했다라고 말하는 것은 그리 정확한 표현이 아니었다. 아예 그들은 그것을 믿지 않았던 것이다. 『우리가 현실이라 부르는 것은 일시적인 합의, 즉 기술적인 면에서의 한 단계에 불과하다』라고 스텐저는 설명했다. 헤임 교수는 정말로는 육체도 존재하지는 않는다고 주장했다. 육체는 관념적인 구성물——태도, 믿음 및 선입관 등의 혼합물——인데, 그러한 것들도 일반 문화에서 작용하는 경제적 및 정치적인 힘들에 종속되어 있다. 자연도 마찬가지로 하나의 아이디어, 하나의 문화적 구성물에 불과하다. 사랑이나 성(sex)과 같이…. [10]

사이버 스페이스 전문가인 스톤(Allucquere Rosanne Stone)의 말에 따르면「자연」이라는 범주는 현실 세계에서의 어떤 것을 의미한다기보다는 단순히 정치와 경제 사이의 경계들을 유지시키기 위한 전략일 뿐이었다. 그러한 전략에는 어떤 것이 있는가? 그 하나가 향수 산업들(이것은 우리가 예전에 존재하지 않았던 것들을 계속해서 갈망하게 한다)을 지원하는 것이고, 또 다른 하나는 우리 사회의 남성 인식론(이는 우리가 과학기술을 훌륭한 다른 어떤 것에 비교함으로써 그것이 나빠 보이게 만든다)을 유지시키는 것이다. [11] 다시 말해서 자연은 우리를 과거의 노예로 만들고 기계를 악마처럼 보이게 만들기 위하여 고안된 착상이었다.

고백컨대 나는 어느 정도의 시간이 지나자, 이 모든 것이 불온한 것만이 아니라는 것을 깨닫기 시작했다. 사이버 스페이스의 전자 전용구역을 논하는 것이 내게는 마치 술에 취해 방이 빙글빙글 돌기 시작하는 것을 느끼면서 누워있는 것처럼 느껴졌다. 아니면 상황이 악화되기 시작한 꿈 속에 있는 것처럼. 초월에 대한 이러한 동경, 해체에 대한 이러한 갈망, 지구·육체·공동체에 대한 충성심의 완벽한 결여에는 막연히 무시무시한 뭔가가 있었다. 환각성을 띠는 전문용어, 수많은 인용구들, 그리고 은유의 혼합 너머로 나는 철저하게 외로운 무엇, 그리고 지독히 섬뜩한 무엇인가를 느꼈다.

내가 이 모든 것들을 지나치게 심각하게 받아들이고 있었던 것일까? 스텐저는 디지털 그 이후의 세계에서 뒤돌아보면 우리가 처음으로 「신발에 묻은 모든 흙자국을 상실하게 되는」 그 신성한 과정을 볼 수 있게 될 것이라고 예견했다.

우리는 우리의 집이 어떻게 해서 점차 가볍고 비물질적인 것이 되어 급기야는 틈새로 바람이 횡횡 새어 들어오게 되었는지 그리고 우리의 가족들이 어떻게 해서 천천히 적어지게 되었는지를 상기하게 될 것이다. 우리는 사이버 스페이스가 저항할 수 없는 너무도 강력한 것이 되어버려 삶의 기본적인 기능들이 마치 잘익은 과일이 나무에서 떨어지듯 떨어져 버렸던 그 순간을 상기하게 될 것이다. [12] 나는 이런 종류의 예언을 정당화할 수 있는 어떤 것이 —— 눈에 보이는 것이든 보이지 않는 것이든 간에 —— 우리 세계에 존재하는지 궁금했다.

주위를 둘러보니 스텐저의 용감한 신세계는 우리가 바라는 것만큼 멀리 떨어져 있지는 않은 것처럼 느껴졌다. 우리 중 많은 이들이 이미 전혀 흙을 접하지 않고 있었다. 이미 점점 더 많은 사람들이 TV와 컴퓨터 화면 너머에 존재하는 세계에서 시간을 보내게 됨으로써 우리의 집은 틈새의 바람이 횡횡 새어들어올 정도로 가볍고 비물질적인 것이 되어가고 있었으며 서구 사회에서 증가하는 삶의 해체 —— 공동체 구조의 상실, 가족의 붕괴, 물리적 환경의 오염 —— 에 힘입어 우리는 베네딕트의 표현대로 영구히 사이드라인 밖에 있는 방랑자들로 바뀌어지는 어떤 새로운 전자 현실로 진입할 위험에 처해있는 것 같았다. [13]

스텐저와 그 동료들의 말이 때때로는 너무나도 공허하고 비현실적으로 들리긴 했었지만 농담이 아니라는 걸 알았을 때 나는 충격 비슷한 것을 느꼈다. 그들이 중력, 역사 및 영토의 원리에 근거한 「구질서」의 빅뱅을 계책하고자 하는 자신들의 바램을 이야기했을 때 그들은 정말 진심이었던 것이다.

보다 중요한 것은 그들이 그들의 터무니없는 예견들 중 많은 것을 실현시킬 수 있는 자금과 과학기술적 정교함을 갖추고 있다는 점이었다. 천년왕국을 꿈꾸는 전통을 자유시장과 과학기술이라는 양자에 접목시킴으로써 사이버 스페이스 열광자들은 태양 아래 새로운 것을 창조해냈다. 천년왕국으로 접어든지 불과 5년만에 그들은 하늘나라에 대한, 예로부터의 꿈을 판매하고 그곳의 공간을 빌려 주는 것을 가능하게 만들겠다고 위협하고 있었다.

그러나 그들을 위험하게 만드는 것은 그들의 과학기술적 정교함과 경제력 이상의 것이었다. 모든 극단론자들과 마찬가지로, 사이버리스트들은 그들 시대의 산물이요, 매우 주관적인 세대의 아이들이었다. 그들을 이해하려면——그들의 가볍고 상대론적인 태도, 역사의 확고한 사실들에 대한 철저한 무관심——그들을 20여 년에 걸쳐 미국 고등교육 과정에서 확립된 특정 이론들의 지적인 계승자들로 간주해야 했다.[14] 결국 가장 열렬한 이론가 중 많은 이들이 내 강연자처럼 학자였다는 사실은 결코 우연한 일이 아니다. 내게는 사이버 스페이스가 해체주의와 컴퓨터 과학기술의 결합, 즉 괴물들의 결합을 의미했다.

일단 이루어진 결합은 이해하기가 어렵지 않았다. 원문 분석의 방법으로서 시작된 해체는 한 문학 작품의 「외견상의」 현실이나 진실을 해체하는 것이 주목적이었다. 초점은 언어의 「미덥지 않음」, 본문의 「불명확성」에 두어졌다. 담요의 실을 뽑고 있는 어린아이처럼, 해체자들은 모든 의미가 일시적인 것임을 보여주기 위하여 그리고 또 예를 들어 돈(John Donne)의 시가 근본적으로 말하고 있는 것은 그 시 자체의 파괴일 뿐이라는 것을 보여주기 위하여——때로는 상당히 합리적으로——시의 특정요소들을 분리시킨다. 요점은? 상대주의이다. 해체자는 어떤 논거에서 잘못된 행들을 드러냄으로써 모든 계층들이 의심되며, 모든 가치들이 일시적이며, 모든 해답들이 부분적이므로 모두 똑같은 중요성을 가짐을 보여줄 수 있었다.

문학비평 분야에서 무시할 수 없는 폐단이었던 해체는 재빨리 그 분야 밖으로 진출하여 —— 생태계적 틈새를 악용하는 일부 기회주의적 약탈자처럼 —— 역사, 정체성, 문화 전반에 대한 텍스트들에 스스로를 적응시켰다. 역시 이 텍스트들도 또한 미덥지 못하고 인식의 차이와 불일치들로 가득 차 있으며 지나치게 불명확한 것으로 드러났다.

카쿠타니(Michiko Kakutani)가 〈뉴욕 타임스〉지에서 지적한 대로 그로 인해 예상되는 결과는 모든 진리가 주관적이도록 운명지워지고 또 모든 사실들이 재평가되어져야 한다는 문화적 시대 사조였다. 가령 사건을 시간의 흐름에 따라 객관적으로 기록한 역사가 존재하지 않는 분위기. 이 새로운 시대에서는 사실이라는 것은 존재하지 않으며 다만 그 순간에 대한 관념들만이 존재한다. 따라서 주어진 그 시간에 가장 큰 세력과 영향력을 지닌 특정 관념의 주창자가 그 당시의 진실을 결정하게 되었다. 간단히 말해서 역사는 —— 대학살처럼 결코 변치않는 사건일지라도 —— 단지 주관적이고 불명확한 허구들의 모음, 즉 그 어떤 시만큼이나 해체에 민감한 텍스트가 되었다. [15]

그러나 해체의 정신은 역사의 해체에서 끝나지 않았다. 부분들의 단순한 총합보다 더 큰 어떤 것으로서의 자아도 역시 해체되었다. 인간은 —— 그리고 그 사람이 보고 생각하고 믿는 모든 것은 —— 그 인간을 채웠던 관념적 충전물의 산물에 불과한 것으로 간주되었다. 혹자는 이를 인간의 모든 기벽과 특징을 그 부모의 염색체에까지 역추적하려고 하는 휴먼 게놈 프로젝트의 한 형태로 간주했다.

여기서도 마찬가지로, 비법은 조각 또는 부분의 위치를 찾아내는 것이었다. 일단 그렇게 하고 나면 여러분은 그 사람을 이해할 수 있다. 혹시라도 멜빌(Herman Melville, 《모비딕》의 저자)이 글을 쓸 수 있다고 생각해 본 적이 있는가? 그건 여러분이 백인 영국계 미국인이기 때문이다. 보스니아 내전으로 죄없이 희생된 사람들 때문에 괴로웠는가? 그것은 여러분이 이성주의라는 젖을 떼고 서양의 자유주의와 계몽철학의 온화한 빛을 받으며 성장했기 때문이다.

물론 대부분의 부조리들과 마찬가지로 해체자들의 상대주의는 「텍스트들은 불명확하고, 자아에 대한 태도는 관념에 의해 한정되며, 역사 또는 역사를 회복시키는 행위는 어쨌거나 주관적인 일이다」라는 수많은 타당하고도 유용한 견지들에 근거한 것이었다.[16] 그러나 더 큰 객관성을 위한 수단이라기보다는 그 자체가 목적으로 간주되는 이런 견해들은 아무것도 이루지 못했다. 「불명확성」은 맹목적 숭배의 대상이 되어버렸고 「미덥지 못함」에는 그 나름대로의 숭배가 뒤따랐다.

그렇다면 사이버 스페이스 이론가들은 어떻게 해서 이 모두에 적응하였는가? 간단하다. 해체자들처럼 불명확성과 불안정성의 개념에 몰두하였다. 해체자들처럼 유행에 어울리고 잡담과 같은 허무주의를 고안했다. 그들의 선조들처럼 도덕으로 중립적이었으며 진리와 의미를 구축하기보다는 그런 것들을 해체하는 데 더 관심을 기울였다.[17]

그러나 한 가지 중요한 차이점이 있었다. 해체자들이 가지고 있었던 것은 이론이었던 데 비해서 사이버리스트들은 기계를 가지고 있었다. 사이버리스트들의 해체는 실제로 응용 해체였다. 해체자들은 우리들 외부에는 아무것도 존재하지 않는다며 현실은 그저 개인적인 견지에 불과하다고 주장만 할 수 있었던 반면, 사이버리스트들은 그것을 현실화시킬 수 있는 기계를 가지고 있었다.

예를 들어 사이버 스페이스에서 경험의 실제성은 여러분이 자신의 어떤 부분을 인정하고 어떤 부분을 억제하느냐에 따라 달라질 것이다. 컴퓨터 네트워크에서 또다른 사람의 인격을 취할 때마다, 혹은 자신의 성(sex)을 임의로 바꿀 때마다, 사이버 스페이스 세계는 그에 따라 조절되어 핵심 자아가 존재하지 않는 것과 마찬가지로 개인의 마음 바깥에는 객관적 현실이 존재하지 않는다는 것을 증명할 것이었다.

내게는 그 모든 것이 현실이라는, 결코 작지 않은 한 가지 문제를 남겨두는 것 같았다. 현실은 상황이 좋지 않았다. 현실은 할당된 텍스트를 읽지 않았다. 주의를 기울이지도 않았다. 현실은 여러분이 베네딕트 교수와 사이버 스페이스에 들어갔다는 사실이나 현재「원격가상현실」에서, 다시 말해 스텐저가 표현한 대로라면「매우 변덕스러운 양성의 천사들 사회」에서 춤추며 노래를 흥얼거리고 있다는 사실에 철저히 무관심하였다. 만일 순수한 정보의 창공을 육체없이 아무 감정도 느끼지 않고 헤엄치고 있을 때 전원이 나가게 되면 여러분은 아주 빨리 현실 세계로 되돌아와 있게 될 것이다.

여기서 우리가 갖고 있는 것은 과학의 수준까지 올라간 방종, 더 나아가서는 정치적 약속을 가장한 현실 도피였다.『사이버 스페이스에서는 영토에 대한 의식과 뿌리, 벽, 소유를 포함한 세속적 가치 체계의 계승자라는 의식이 그것들을 모두 날려 버리는 과격한 모험심으로 바뀔 것』이라고 스텐저는 주장했다. [18] 이 글을 읽으면서 나는 다음과 같은 생각을 했다. 미얀마에서 5년간 가택 연금을 당했던 수지 여사(Aung San Suu Kyi)에게 그 말을 해보라지. 아마 군사정권에 넘겨버릴 것이다. 14년 6개월동안의 감금에서 최근 풀려나와 자신을 감금한 바로 그 정권에게 또다시 인권 존중과 민주주의를 요구하고 있는 베이징의 반체제인사인 징셩(Wei Jingsheng)에게 말해보라. 절박한 기아상태에 빠져있는 약 250만 명의 수단인들에게 현실은 일시적인 합의에 불과하다고 말해보라. 당신은 내게 마음은 빛이 새어 나오는 무지개라고 말하는가? 나는 보스니아에서부터 캐시미어 계곡, 남부 로스엔젤레스에 이르기까지 그 피상적인 은유가 매일 기괴하게 문자 그대로 만들어지고 있다고 말하는 바이다.

엘리트주의자라는 용어(타르 붓과 닭털 침낭에 해당하는 구태의연한 요즈음 용어)를 휘두르기 좋아하는 세계에서 여기 마침내 가치 있는 목표가 있었다. 이 사람들이 누구에게 이야기를 하고 있는건지 나는 궁금했다. 그들이 설명하는 이 전자적 유토피아는 누구를 위한 것인가? 나머지 우리들은 어떠한가? 종교나 인종적 배경에 상관없이, 계층이나 종족이나 교육정도를 불문하고 5,000달러짜리 컴퓨터를 가진 박사학위 소지자나 최고 경영간부들이 꿈꾸는 공상 속에서나 존재할 수 있는 그런 세상이 아니라 현재 있는 그대로의 세상을 살아야만 하는 불운한 모든 남녀와 아이들은 어찌할 것인가? 빈민가를 온라인에 끌어 들인다고 해서 젊은 흑인 남성들의 평균수명이 늘어날 것인가? [19]

문제는 사이버 스페이스가 우리가 알고 있는 세계를 빼앗아 가리라는 사실이 아니라 우리 모두 가상 세계 속으로 사라져 버리리라는 사실이었다. 간단히 말해서 사이버 스페이스가 우리의 주의를 일에서 멀리하게 할 것이라는 사실과 스톤과 함께 생물학과 기계학 사이의 경계를 지우느라 바빠서 인간 종족의 대부분이 초월보다는 생존에 더 급급하다는 사실을 잊게 되리라는 것, 우리가 가상의 숲을 헤매고 있을 때 진짜 숲들이 불타 없어지리라는 것이 문제였다.

그러나 이런 일이 진짜로 일어날까? 기분전환의 문화가 우리를 둘러싸고 있는 현실에 대적할 수 있으리라고 주장하다니 말도 안되는 소리 아닌가? 한순간 나는 그렇게 생각했다. 그리고 가상 세계로 들어갔다.

주(註)

1) Richard Kadrey, "Pleasure by the Numbers", *Future Sex* (premier issue, 1992) : 7.
2) 여기서 나는 "Will the Real Body Please Stand Up ? ", in Michael Benedikt, ed. , *Cyberspace : First Steps* (Cambridge, Mass. : MIT Press, 1991), 92~99에서의 스톤(Allucquere Rosanne Stone)의 뛰어난 개관에 신세를 지고 있다.
3) 나는 이 용어를 스톤에게서 처음 들었다.
4) Michael Benedikt, "Introduction", in Benedikt, *Cyberspace*, 2.
5) Nicole Stenger, "Mind Is a Leaking Rainbow", in ibid. , 56.
6) 사이버 섹스 또는 티니섹스 또는 원격성접촉의 안전성은 고급 문화와 하급 문화의 철저히 지워져 버린 경계들을 가로질러 열광자들을 연결해 주는 강조점이다. 《미래의 성(Future Sex)》의 카드리(Richard Kadrey)의 경우, 『VR 섹스는 안전한 섹스의 최종 목적지이다. HIV 바이러스도 없고, 새로운 것을 시도해 보는 데 부끄러워할 이유도 없다.』「사이버폰(cyberpom)」이라는 CD-ROM을 시장에 내놓은 피식스 인터내셔널의 사장인 우(Paul Wu)의 경우, 『CD 섹스는 건강상으로도 도움이 된다. 질병의 만연으로 인해 우리는 성적 에너지를 억제하고 있다. 이는 절대적으로 안전한 섹스이다.』 우(Wu)는 Dean Takahashi, "Sex Play in Cyberspace", *Los Angeles Times*, 16 January 1994를 인용했다.
7) Michael Heim, "The Erotic Ontology of Cyberspace", in Benedikt, ed. , *Cyberspace*, 61. 헤임 교수의 전망에 동의하는 사람들은 많다. 〈빌리지 보이스(The Village Voice)〉에 실린 디벨(Julian Dibbell)의 의견도 동일한 결론에 이른다. 『매우 피상적으로 묘사된 애무, 한숨, 침투 등의 혼란 속에서도 분비선들이 작동하며, 실제에서처럼 고동치기도 한다… 그리고 가상 환경과 당사자가 서로 같은 것을 느낀다면 누가 알겠는가? 심장 또한 작동하여 실제로 만날 약속을 하는 관례적 절차를 준수하는 많은 눈먼 연인들처럼 강하게 열정을 자극할 수도 있다.』 Julian Dibbell, "Rape in Cyberspace : A Tale of Crime and Punishment on Line", *The Village Voice*, 21 December 1993.
8) Stenger, "Mind Is a Leaking Rainbow", 51.
9) Benedikt, "Introduction", 14.
10) Stenger, "Mind Is a Leaking Rainbow", 53. 사이버 스페이스 이론과 역사, 문화, 그리고 학계의 자칭 일류자들에 대한 후기구조주의적 태도 사이의 유사성이라

면 다음과 같은 두 가지 사실을 들 수 있다 : (1) 많은 사이버 스페이스 이론가들이 학자 출신이라는 점, (2) 근본적으로 세계에 대한 후기구조주의적 태도는 기계론적이며[인문주의 및 사회과학 분야에서의 현재 통용어는 구조(construction)이다], 따라서 사물을 그 구성 성분들로 쪼갤 수 있는 기계에 관심이 있는 자들에게 매우 적합하다는 것이다.

11) Stone, "Will the Real Body Please Stand Up?", 102. 자연 세계에 대한 무관심 내지는 노골적인 적대감은 사이버 스페이스 문학의 기저를 이루고 있으며 또한 분명한 주제이다. 이는 20세기 후반, 환경 오염의 가속화에 대한 이상스런 반응 중 하나라고 생각한다. 제3장에서 사이버 스페이스 혁명의 환경적 의미를 어느 정도 다루었다.

12) Stenger, "Mind Is a Leaking Rainbow", 56.

13) Benedikt, "Introduction", 10.

14) 여기서 내가 지칭하고 있는 것은 미국 및 유럽 학계에서 큰 영향력을 발휘하고 있는 해체(deconstruction)이다—이는 후기 구조주의의 제목 아래에서 구체화된다. 해체 비평론의 훌륭한 평론 가운데 Gerald Graff, *Literature Against Itself* (Chicago : University of Chicago Press, 1979).

15) Michiko Kakutani, "When History and Memory Are Casualties : Holocaust Denial", Critic's Notebook, *New York Times*, 30 April 1993. Kakutani, "Opinion vs. Reality in an Age of Pundits", Critic's Notebook, *New York Times*, 28 January 1994 ; Deborah E. Lipstadt, *Denying the Holocaust : The Growing Assault on Truth and Memory* (New York : Free Press, 1993) ; Robert Hughes, *Culture of Complaint : The Fraying of America* (New York : Oxford University Press, 1993) ; Gertrude Himmelfarb, *On Looking into the Abyss : Untimely Thoughts on Culture and Society* (New York : Knopf, 1994)를 참조한다. 윤리학과 해체에 대해서는 David Lehman, *Signs of the Times : Deconstruction and the Fall of Paul De Man* (New York : Poseidon Press, 1991) 참조.

16) 해체주의자의 주장에 내재해 있는 위험 요소—그 어떤 형태의 극단론에도 내재해 있는—중 일부는 그것이 반대편의 전체주의자들의 손에서 놀아날 것이라는 점이다. 절대적이라는 개념들—「자연법칙」 및 「신성한 권리」 등과 같은 개념들—이 역사 이래 지금껏 억압의 도구로 사용되어 왔다. 그러므로 그것들의 목적을 폭로하는 것은 아주 정당하다 할 수 있겠다. 하지만 지나치면 상대주의가 정설이 되고 만다.

17) 내가 말하고 있는 최신 유행의 허무주의는 예를 들어, Kevin Kelly, *Out of Control : The Rise of Neo-Biological Civilization* (Reading, Mass. : Addison-Wesley, 1994)에서 볼 수 있으며, 이 책에서는 「히피 후기구조주의자」라는 표현이 자주 등장한다.

18) Stenger, "Mind Is a Leaking Rainbow", 53.

19) 스태플즈(Brent Staples)는 오늘날의 문제 중 많은 것들이 첨단 기술에 의하지 않
고도 해결할 수 있다고 주장한다. 예를 들어, 텔레비전 역할 모델에 점점 더 종속
되어 가고 있는 아이들은 실제 생활에서 그런 일을 수행해 줄 실제의 인물을 필요
로 한다. 인터넷상에서 그들에게 말하는 것은 도움이 되지 않는다. "Role Models,
Bogus and Real", Editorial Notebook, *New York Times*, 24 June 1994 참조.

제 2 장

정신분열증 초기
-정체성에 대한 공격-

　만일 내가 사이버 스페이스로 뛰어들기에 앞서 잠시 주저했다면 그건 과학기술 전도사 발로우 탓이다. 『그 어떤 것도 사이버 스페이스보다 더 현실과 유리될 수 없을 것이다.』모니터 주변에서 아직도 주저하고 있는 이들을 고무시키기 위해 발로우는 이렇게 말했다. 『이는 당신의 모든 것을 절단하는 것과 같다.』[1] 나는 이 개념에 대해 어떤 열정을 불러일으켜 보려고 애썼다. 내가 알기로 발로우는 육체로부터의 자유에 대해 말하고 있었다. 그에게 있어 절단은 자유에 대한 은유였던 것이다.

　그러나 발로우의 말은 제대로 효과를 내지 못했다. 순수한 정신의 왕국이라는 비전 대신에 내게는 〈죠니가 총을 가졌다(Johnny Got His Gun)〉에 나오는 트럼보(Dalton Trumbo)의 비극적 영웅의 이미지가 떠올랐다. 귀머거리에 벙어리에 봉사인 4중으로 절단된 그 주인공과 트럼보의 영웅은 사이버 스페이스가 최고의 목표가 되기 아주 오래 전에 이미 그 곳에 있었던 것 같다. 나는 은유적으로나 아니면 다른 면에 있어서나 서둘러 그에게 합류하지 않았다.

내가 그렇게 되었던 것은 결국 책 때문이었다. 처음부터 책에서 도움을 받으려던 건 아니었다. 나는 사람의 인도를 받으며 사이버 스페이스에 들어가고 싶었다. 그러나 내가 「F2F」 접촉—— 대면 (對面, face-to-face)에 대한 사이버 용어, 즉 학생들이나 동료들에게 도움을 청하는 것—— 을 시도할 때마다 나는 산더미 같은 두문자어와 암호어에 기가 질렸다. 『세션 메뉴에서 로컬 에코 (Local Echo)와 랩 모드(Wrap Mode) 옵션을 켜는 것을 잊지 말아라』라고 우리 과의 선배 한 분이 이야기했다. 아, 그래요. 물론이죠.

나도 몇 가지는 알고 있었다. 네트가 세계 전역의 서로 연결된 수천만 개의 컴퓨터들에 붙여진 이름이라는 것쯤은 알고 있었다. 다른 사람들과 대화를 하거나 메시지를 보내거나 정보에 접근하기 위해서는 컴퓨터를 전화선에 접속시켜 줄 모뎀이 필요하다는 것쯤은 알고 있었다. 인터넷이 가장 규모가 큰 네트워크이긴 하지만 그보다 소규모인 네트들도 있다는 것—— 일부는 인터넷에 연결되어 있지만 일부는 그렇지 않다—— 그리고 이들 중 몇몇은 킨크 네트(KinkNet), 피도네트(FidoNet), 지프네트(ZiffNet) 같은 똑똑한 이름을 갖고 있다는 사실도 알아냈다. [2]

그래서 나는 동네 서점—— 요즈음같이 투명한 정보의 시대에 종이의 과잉에도 불구하고 여전히 번창하고 있는—— 으로 물러설 수 밖에 없었고, 거기서 나 자신과 같은 「data. comm. phobes (데이터통신 공포증 환자)」와 초보자를 겨냥해 스스로 공부할 수 있도록 도와주는 책들이 수북한 컴퓨터 코너를 발견하였다. [3] 《네트 가이드(Net Guide)》라는 책의 윗부분에 둘러쳐져 있는 카나리

아빛 노란색이 내 눈에 띄었다. 『네트 가이드는 사이버 스페이스에 대한 TV 가이드이다!』 커버 앞면에서 〈와이어드〉지 편집위원인 로제토(Louis Rosetto)는 이렇게 열광하고 있었다. 4) 이 책이 열쇠인 듯 싶었다.

어디에나 모습을 드러내는 발로우가 쓴 서문은 전자우편(E-mail)을 뛰어넘어 곧장 종말론으로 접어들면서 단숨에 주제를 언급하였다(기계학에서 신학으로의 도약은 사이버리스트들 사이에서는 일종의 관례였다). 발로우에 따르면 네트는 내가 생각했던 대로 구식 전화 회선의 확대된 형태일 뿐이었다. 그것은『마음들이 만나는 자리이다. 아니, 어쩌면 좀더 실현된 미래의 환경에서는「마음의 국가(State of Mind)」가 될 것이다.』발로우는 계속해서 네트는 대위업(Great Work)이라 불리는 어떤 것의 현단계이며 앞으로는 집단의식의 영구배선이 될 것이라고 했다. 고생물학자이자 신학자인 드샤르뎅(Teilhard de chardin)에 따르면, 이는『진화라는 위대한 여행이 모든 영겁에 걸쳐 향해온 목적지였다.』발로우는 그가 과업을 너무 낮게 평가하고 있다고 생각했다. 그래서 이렇게 덧붙였다. 『네트는 불의 발견 이후의 그 어떤 과학기술의 개발보다도 인간의 현재 상태를 더 확실하게 더 나은 방향으로 바꾸어 놓을 것이 분명하다.』

계속 탐독해 나가면서 발견한 점은 네트가 살아있는 것이었다. 마치 세계적 신경망처럼 하나의 유기체로서 계속 확장해 가는 젖은 회색빛 그물이었다. 마지막으로 발로우는 자신의 요지를 분명히 하기 위해 힌두신화를 인용하였다. 네트는 인타라(힌두교에서 천둥이나 비를 주관하는 베다교의 주신)의 그물——그 안에 엮어진 수많은 진주들은 다른 진주들의 이미지를 서로 반사하며 어

지럽게 반짝인다——이라는 개념과 유사했다. [5]

나는 인타라의 그물이라는 황량한 구역들을 배회하면서 열흘간을 소비하였다. 나는 전자게시판 하나에서만도 alt. skinheads, alt. skunks, alt. skateboards와 같은 전문 대화 그룹들을 발견하고 방문도 해 보았다. alt. hemp와 alt. hangover에도 잠깐 들렀고 alt. nuke. europe에서는 소년들과 유럽 핵무기를 공격하기 위한 최상의 방법을 찾느라 고심하였고 alt. christnet, alt. pantyhose, alt. sex. fetish. diapers를 슬쩍 엿보기도 했다(전자적으로 말해서). alt. binaries. pictures. erotica. bl〔bl은 금발(blonde)을 나타냄〕에서는 벌거벗은 금발여인의 사진을 다운로드받기도 했으나 alt. binaries. pictures. furry에서는 좀 주저했다.

alt. bestiality. barney, alt. satannet, alt. evil에서는 한없는 재미를 맛보았고, 그 마지막에서는 사이버 세계를 알려야 한다는 강박관념에 사로잡혀 있는 바르다만이라는 이름의 사람을 만나기도 했다. 『나는 신으로부터 임무를 부여받았다. 나는 유행을 모르는 바보들을 가르쳐야만 한다.』 나는 심지어 alt. cuddle에도 방문했는데 거기서는 「포옹왕」 스티브가 자신의 「포옹 폭탄기」라는 포옹탱크(huggytank)로부터 분주히 수천 개의 가벼운 포옹들을 떨어뜨리고 있었다.

나는 인타라의 진주들이 실제로 매우 놀라운 방식으로 서로를 반사하고 있다(내가 읽은 모든 것들이 마치 동일한 인물에 의해 씌여진 것 같았다)는 것을 깨달았다. 그리고 그 모든 것의 끝, 인간 진화의 끝에서 우리는 심술궂은 질문들의 카달로그와 기젯의 가슴 사이즈에 대한 논의와 형광빛의 노란색 소변을 생산하는 비타민의 목록을 발견하게 될 수도 있다——내가 그랬던 것처럼

──는 확신이 들었다. 그리고 나서, 발로우의 「세계적 신경망」
으로부터 나의 「젖은 회색빛 그물」을 떼어냈다.

『미국에서 일년 동안 출판된 책에 실린 것보다 더 많은 단어들
이 일주일 동안 네트에서 발표되는 것으로 추정된다. 그리고 그
단어들은 신선하다.』 발로우는 이렇게 말했다.[6] 그의 말이 절반
은 옳았다. 상당히 많은 단어들이 쏟아져 나왔다. 그러나 그 절대
다수가 일주일 묵은 빵처럼 곰팡이내를 풍겼다.

참가자들 대부분은 남학생 클럽 하우스 회원의 전형 같았고, 고
매한 예외들은 거의 찾아볼 수 없었다. 시간 감각은 없으면서 사
람들을 놀래키는 것, 섹스를 해보는 것, 또 〈길리언스 아일랜드
(Gilligan's Island)〉 재방송을 논의하는 것에만 의욕을 불태우는
18세 남자 아이들… 빗 속에 버려진 전화번호부만큼이나 별볼일
없는 그런 자체 폐쇄된 세계들을 돌아다닌지 몇 시간도 되지 않아
서, 내가 내린 결론이었다.

발로우의 미사여구가 담긴 원대한 예언을 전자게시판(BBS)의
허름하고 지저분한 오두막과 조화시키려는 노력은 그리 쉽지 않았
다. 인타라의 네트에는 남학생 클럽 회원의 포르노와 전쟁게임과
가상의 포커 이상의 것들이 있어야 한다고 생각했다. 전세계적인
신경망에는 alt. elvis. king과 alt. drunken. bastards 이상의 것들이
있어야만 했다.

물론 그랬다. 훨씬 더 많은 것들이 있었다. 나는 내가 그곳에서
겪을 수 있는 경험의 그 광대한 범위와 다양성을 올바르게 인식하
지 못했다는 것을 깨달았다.

네트를 배회한다는 것은 로스앤젤레스에서 방콕에 이르는 대도
시에서 식사할 만한 장소를 찾는 것과 다름없음을 알게 되었다.

패스트푸드 체인점들과 지저분한 숟가락들은 어디에나 널려 있었다. 반면에 별 세 개짜리 레스토랑들은 찾기도 어려울 뿐만 아니라, 들어가기도 어려웠다. [7] 사이버식으로 말하자면 나는 햄버거 식당에서 가벼운 식사를 하고 있었던 것이다. 진짜 컴퓨터 공동체들인 MOO들은 샹베르탱산 포도주를 곁들인 꿩요리에 해당했다. 나는 제대로 된 정찬을 즐기기로 마음먹었다.

이런 대리 세계들에서의 나의 경험은 상상했던 것보다 더 낯설고 혼란스러웠다. 사실 공정하게 판단한다면 사이버 스페이스에서 진행되고 있는 것들 중 몇 가지는 발로우의 천년 왕국이라는 미사여구의 격조를 정당화하기에 충분한 것처럼 보였다.

인터넷이라는 잡음에 가려진 채 내가 발견한 것은 역사상 가장 규모가 큰, 새로운 문화인 가상의 전자 국가였다. 독립 공동체들로 구성된 이 그림자 세계는 공간을 차지하지도 않고 인구조사에도 나타나지 않으나, 아주 실제적인 의미에서 선진세계 곳곳으로부터 온 사람들이 거주하고 있었다. 매일 수백만의 사람들이 직장이나 학교에서 돌아와 컴퓨터를 켜고 또 다른 현실 속으로 사라져 가고 있었다.

그들이 접속하고 있는 공동체들 중 일부는(모뎀이 설치된 컴퓨터만 있으면 됨) 실제 공동체들과 아주 똑같았다. 정교하고 계층적이며 관료적인 면에서 매우 복잡한 그런 공동체였다. 그리고 많은 것들이 화면에 나타나는 단어들만으로 이루어지긴 하지만, MOO(Multiple User Dungeons, Object-Oriented)는 뭔가 더 달랐다. [8] 이는 캘리포니아나 시애틀에 있는 어떤 연구 컴퓨터 내부의 데이터 베이스에 연결됨으로써 실제 장소와 같은 느낌을 주었다. 사람들은 이를 통해 이동할 수 있었다. 왼쪽으로 가면 주방이고 위로 올라가면 침실이고 하는 식이었다. 그리고 아직 단어들, 언어적 설명의 문제이긴 하지만, 상세함의 정도도 상당했다. 이를테면, 나는 책장이 있는 방에서 오렌지빛 캘리포니아산 양귀비들이 꽂힌 꽃병이 놓여있는 작은 마호가니 탁자 옆의 소파에 앉아 있었다. 공동체들은 해비태트와 램더 하우스 같은 이름들을 갖고 있었다. 일부에는 집과 풀장과 그리고 가상의 식탁에 차려진 가상의 음식들도 있었다.

그리고 나는 사람들이 정말로 그 대리 세계에서 살고 있다는 사실을 발견했다. 많은 이들이 그곳을 제2의 집으로 생각하고 있다. 그들은 그곳에서 사람들을 만나고 다른 신분을 취하고 사업을 시작하고 사랑에 빠졌다. 그들은 서로 사이버 스페이스의 포옹과 키스를 나누고 있었다. 보다 진보된 일부 공동체들에서는 신체 부위들에 대한 메뉴에서 가상의 자아 또는 화신(avatar)과 같은 대역을 만들어 내고 있었다. 이런 다른 「나」들이 가상 세계에서 움직였다.

그리고 이것은 시작에 불과했다. 사람들의 화신들이 사이버 스페이스에 나타났을 때 생기는 일들은 실로 경이적이었다. 변호사들은 사무실을 개업했고 자체 편집위원들을 둔 신문들이 등장했으며 사람들은 결혼하고 또 이혼하기 시작했다. 한 시스템에서는 도둑들이 신체부위들이 상호 변경가능하고 또 컴퓨터 공동체 시장에서 비싸게 팔린다는 사실을 이용하여 새로 들어온 사람들에게 접근하여 그들의 머리에 대한 험담을 늘어놓은 다음, 새 머리를 가져다 주겠다고 제의했다. 새로 도착한 이들이 자신들의 머리를 벗어 던지면 그 도둑들은 그 머리들을 낚아채서 도망쳐버렸다――사이버 스페이스 강도들이 가는 그 어딘가로. 9)

이뿐이 아니었다. 많은 컴퓨터 공동체들이 현실 세계의 시장에서보다 세속적인 부산물들을 더 많이 가지고 있었다——이를테면, 매춘 같은 것. 후지쯔 헤비태트(Fujitsu Habitat)의 예언가 중 한 사람은 다음과 같이 말한다. 『후지쯔 헤비태트의 경제규모는 금전 거래를 가능하게 해준다. 고객이 의자에 앉는다. 그 고객이 의자에 앉아서 정면을 향하고 있으면 매춘부가 그 앞에서 얼굴을 의자로 향해 서게 될 것이다. 이 위치에서 매춘부의 얼굴은 의자에 앉아있는 고객의 허리부분으로 갈 수 있다. 그녀의 구좌로 요금이 지불되면 매춘부는 반복적인 머리 동작을 수행할 것이고 또 열심히 작업할 것이다.』이 예언가가 설명하고 있는 것은 다름아닌 가상의 매춘행위였다.

나 자신과 같은 초보자들에게 이 모든 것은 현기증을 일으키기에 충분했다. 컴퓨터 화면에 나타나 있는 개념상의 창을 통해 들어가는 세계는 무한했다. 일반적인 의미에서의 경계는 존재하지 않았다. 물리적 공간은 유동적이었다. 신분 또한 마찬가지였다.

가령 사이버 스페이스 맨션인 램더 하우스는 놀이방, 지하감옥, 잊혀진 복도, 음식점, 풀장, 상담이 필요한 이들을 위한 정신과 병동 등이 세세하게 또 복잡하게 얽혀진 구조로서, 그 존재와 행동이 그것들을 창조한 창조자의 기호에 의해서만 유일하게 제한받는 문화들이 기거하고 있었다.

이것이 실제로 뜻하는 바는 무엇이었을까? MOO 이용자들이 자신들의 컴퓨터에 램더무(LambdaMoo)의 부호를 치면, 다음과 같은 단어들이 모니터에 나타난다는 뜻이다.

『옷장.

옷장은 어둡고 비좁은 공간이다. 이곳은 매우 혼잡해 보인
다. 당신은 코트, 부츠, 그리고 다른 사람들(잠자고 있는 것이
라 느껴지는 것들)과 계속 부딪친다.』

이용자들은 해당 명령어들을 타이핑함으로써 옷장에서 거실로
빠져 나갈 수 있고 또 그들이 원하는 곳이면 어디든지 갈 수 있
다. 어떤 방에서는 사람들이 대화를 나누고 있을 수도 있다. 원한
다면 그 대화에 동참할 수 있다.

또 다른 방에서는 네발 찻주전자가 되어——사이버 스페이스
시민들은 태양 아래 그 어떤 것으로도 가장할 수 있으므로——푸
코(Michael Foucault)에 대해 청백 돌고래와 토론을 벌일 수도 있
다. 또 다른 방에서는 누군가가 베이지색 소파에서 잠을 자고 있
을 수도 있다.[10] 그 잠자고 있는 사람은 베나훔(David Benna-
hum)의 표현대로 현재 MOO에 접속해 있지 않은 사람에 대한 암
호로서 「가상의 시체」일 것이다.

나는 이 대리 세계에 거주하고 있는 램더 하우스의 시민들이 일
종의 대리인으로서의 존재, 현실 세계를 뛰어넘는 것, 그리고 존
재하지 않는 공동체에서 사는 것에 빨리 익숙해진다는 것을 알게
되었다. 그곳에 참여하고 있는 동안 그들은 사이버리스트들이
『깨어 있는 상태의 자각몽(어느 정도 자각하면서 꾸는 꿈)』이라
부르는 것을 경험한다.[11] 그들은 사실 이곳에 있는 것이 아니었
다. 그들은 저쪽 사이버 스페이스에 있었다.

그리고 사이버 스페이스는 매우 이상한 장소임에 틀림없었다.
〈빌리지 보이스(The Village Voice)〉에 실린 한 기사에서 램더 하

우스 시민인 디벨(Julian Dibbell)이 사이버 스페이스에서 일어난 강간 사건을 기술했다. [12]

어느 날 밤 뉴욕에서 도쿄에 이르기까지 다양한 곳에서 모인 시민들이 램더 하우스(디제라티가 부르는 대로라면 램더무)의 거실에서 담소를 나누고 있었는데, 갑자기 벙글이라는 사람이 신들린 듯 광포해졌다. 물론 벙글이라는 사람은 단어들의 집합체, 즉 일종의 언어로 만들어진 꼭두각시에 불과했으나 정신병자의 감성을 지닌 꼭두각시였다. 자신을 뚱뚱하고 기름기 흐르는 알록달록한 어릿광대라고 설명한 벙글은 태평양 표준시로 오후 10시경부터 수많은 다른 사람들의 화신들을 강간하거나, 그렇지 않으면 폭력적인 방법으로 굴욕감을 주고 다녔다. 디벨의 기사에 따르면 그의 희생자들 중에는 갈색피부에 비싼 진주 회색빛 양복을 입고 중산모와 짙은 안경을 쓴, 남성인지 여성인지 알 수 없는 아이티 요술쟁이 영혼인 레그바라는 인물이 있었으며 그 밖에 스타싱어, 바쿠닌, 쥬니퍼 등도 포함되었다.

벙글은 스타싱어와 바쿠닌과 쥬니퍼를 잔인하게 모욕했을 뿐 아니라(한 사람은 자신의 음부의 털을 먹어야 했으며 또 다른 한 사람은 부엌용 칼로 스스로를 자해해야 했다), 그는 사람들이 스스로를 폭행하게 만들 수 있는 힘을 가진 일종의 부두교(서인도 제도 및 미국 남부의 흑인들 사이에 행해지는 일종의 마교) 인형을 만들어서 범죄를 저지르고 다녔다. 『부두교 인형은 멀리 떨어져 있어도 효과를 발휘했기 때문에 거실에서 쫓겨나자 벙글은 맨션의 지하 어딘가에 있는 자신의 개인 공간에 숨어서 쉬지 않고 공격을 계속해댔다』고 봄베이 박사(Dr. Bombay)는 설명했다.

그러므로 벙글이 쫓겨났음에도 불구하고 그 당시 MOO에 있는

모든 이들은 다음과 같은 문귀를 읽어야만 했다. 『자신의 의사와
는 반대로 스타싱어는 스테이크용 나이프로 자기 엉덩이를 찔러서
엄청난 즐거움을 유발한다.』 이런 짓은 신망있는 고참자인 지피
가 마술적인 힘을 가지는 총을 발사해서 벙글을 부두교 인형의 힘
으로 통과할 수 없는 감옥에 가둬 버릴 때까지 계속되었다고 디벨
은 말했다.

디벨의 길고 명료한 기사에서 분명히 알 수 있듯이, 이 사건의
끝은 사실상 시작에 불과했다. 모리아, 라쿤, 크로우피쉬, 에반
젤린이 폭행을 당했고 스타싱어는 오줌세례를 받았다. 레그바는
가상의 거세를 요청하였다.

MOO에서는 일대 소동이 일어났다. 검열제도와 1차 수정헌법
(언론, 신문, 종교의 자유를 보장한 조항)의 권리에 대한 사회적
통제의 중요성에 대해 많은 논의가 이루어진 뒤, 마침내 벙글은
공동체로부터 쫓겨났다——가상 세계의 형벌이다. [13]

물론 가상의 죽음은 진짜 죽음과는 다르다. 디벨과 봄베이 박사
의 기사의 끝부분에서는 벙글——아니면 벙글의 목소리, 그게
아니라면 벙글의 문자들, 그의 특별한 감성——이 죽음으로부터
되돌아온 것처럼 보여진다. 어떻게? 철저히 유폐당한 벙글——
아니면 벙글의 뒤에 숨어 있는 문제가 많은 영혼——이 제스트
박사라는 가명의 또 다른 계좌를 개설, 다른 신분으로 위장하고
다시 MOO로 들어왔던 것이다. [14]

이곳에서 도대체 무슨 일이 벌어지고 있었던 것일까? MOO 강
간이라든가 쥬니퍼, 지피의 총 등이 다 무엇인가? 그리고 디벨과
빌리지 보이스지의 편집 위원들은 왜 제2세대 총과 마술의 컴퓨터
게임인 「지하감옥과 용(Dungeons and Dragons)」이 좀더 정교해

진 형태에 지나지 않는, 그 무엇에 시간을 보내고 있는 것일까?

분명 그것은 폭력이 아니었다. 모탈 컴배트와 나이트 트랩 같은 어린이용 비디오게임들도 전기 사형, 목을 베어버리는 어퍼컷(여러분은 절단된 목에 매달려 경련을 일으키고 있는 척수를 볼 수 있다), 상대방의 고동치고 있는 심장을 찢어 버리길 좋아하는 격투자, 희생자들을 화형시키는 요부들, 고기 고리에 걸려진 여학생 클럽 회원들 등을 제공하고 있었다. [15] 그 답은 디벨의 공동체에 속한 사람들(그리고 그들과 유사한 수만 명의 사람들)에게 램더무는 전자적으로 생성된 환상이 아니라, 하나의 집이라는 사실에서 찾을 수 있을 것이다. 쥬니퍼는 꼭두각시가 아니라 사람이었고, 가상의 강간은 레그바 뒤에 있는 실제의 사람, 즉 컴퓨터 앞에 앉아 있는 사람에게 눈물을 흘리게 할 수 있었다. 실제로 그랬다. 나는 그 사람에게 레그바는 실제 인물이라는 사실을 깨달았다. [16]

이것이 어떻게 가능할까? 간단하다. 사이버 스페이스에 들어가는 데에는 오직 한 가지 요건만이 필요했다. 본질적으로는 커다란 은유에 불과한 어떤 것을 문자 그대로 기꺼이 받아들이는 것. 이는 「당신은 작은 탁자와 세 개의 원목 의자가 놓여 있는 푸른색 방으로 들어간다」라는 단어들을 컴퓨터 화면상의 단어 이상의 어떤 것으로 받아들인다는 뜻이다. MOO는 많은 면에서 소설의 세계와 아주 유사하다. 한 가지 중요한 차이점이 있다면, 사이버 스페이스에서는 등장인물들이 뒷말을 할 수 있고 통제를 수용할 수 있으며 우정을 제의하거나 아니면 여러분이 눈물을 흘릴 때까지 굴욕감을 안겨줄 수 있다는 것이다.

사이버 스페이스에 연금술을 제공하는 것은, 그리고 상상력으로 하여금 환상을 실재하는 것으로 받아들이게끔 유혹하는 것은 다른 어떤 것도 아닌 바로 이 피드백이라는 요소였다. 그 장소는 살아 있었고 여러분의 명령에 반응할 수 있었으며 실제 사람들의 목소리가 그 안에 살고 있었다. 그 목소리들을 완전한 인간으로 받아들인다는 것은 매우 일반적인 일이었다. 사실 그것들을 인간으로 받아들이지 않는 것이 오히려 병글 같은 정신병의 징후로 여겨졌다.

그러나 바로 여기에 함정이 있었다. MOO의 은유는 일관되었다. 쥬니퍼를 실제 인간으로 받아들인다는 것은 그의 세계도 마찬가지로 받아들인다는 의미였다. 그리고 쥬니퍼의 세계는 현실에서의 정박지로부터 풀려나온 세계였다—— 방 속에 방이 있는 세계, 아무런 악의 없이 누군가의 팔과 다리를 잘라 버리고 그것들이 꿈틀거리는 채로 내버려둘 수 있는 사람들의 세계, 여러분을 앨리스처럼 또 다른 현실로 떨어뜨릴 수 있는 문과 같은 우편엽서의 세계였다.

『냉장고에 붙어 있는 파리 시내가 그려진 우편엽서를 너무 가까이 응시하면, 당신은 곧 그곳으로 내팽겨쳐져서 세인트 저메인 대로 위에 있게 될 것이다.』베나훔이 램더무의 주방을 설명하면서 이렇게 썼다. 17) 여러분은 사이버 스페이스에서 끝이 없는 복도, 벽이 세 개뿐인 방, 아무것도 비추지 않는 거울들을 발견할 수 있다.

이로 인한 혼란감은 상당했다. 나처럼 컴퓨터에 약한 사람들에게는 「없음」이라는 것을 개념화하기가 쉽지 않았다. 내가 있던 곳에서는 「없다」라는 것은 환기창이나 벽, 뭐 그런 어떤 것을 의미했다. 그러나 사이버 스페이스에서는 「없음」은 정말로 없다는 뜻이었다. 문이 열려 있는데 그 너머에는 아무것도 없다. 그리고 그 이유는 단순히 아직까지 그것을 묘사한 사람이 없었기 때문이었다. 그것에 손이 미쳤을 때에도 그냥 아무것도 없는 상태로 내버려두기로 마음먹을 수도 있었다. [18]

이 모든 것으로부터 생겨나는 것은 언제나 악몽의 가장자리를 배회하는 듯 보이는 풍경이었다. 안과 밖, 가깝다는 것과 멀다는 것, 여기와 저기 등등의 단어들이 —— 여행자들의 편안함을 위해 유지되기는 하지만 —— 전혀 무게를 지니지 않는 세계였다.

여러분이 사이버 스페이스 공동체에 들어갔을 때 결국 여러분은 안에 있는 것도 밖에 있는 것도 아니며, 이곳에 있는 것도 그곳에 있는 것도 아니며, 개인적인 세계에 있는 것도 공공의 세계에 있는 것도 아니며, 완전히 존재하는 것도 실제의 삶에서 완전히 부재하는 것도 아니었다.

여러분은 그 사이의 어딘가에 있었다. 그리고 그 사이의 세계에서는 악몽에서처럼 여러분이 진짜일 것이라고 기대하는 그 어떤 것도 진짜가 아니었다. 여기에서 현실은 기만과, 그리고 혼란스러운 입체감을 갖는 아주 분명한 환각으로 끊임없이 용해되어지고 있었다. 여기서의 막대와 돌은 공기로 만들어지지만 단어들은 확실하게 여러분을 아프게 할 것이었다.

포우(Edgar Allan Poe)는 세계들의 이러한 지워짐, 원인과 결과의 법칙들의 이러한 갑작스런 부유상태를 『무시무시한 현상(the uncanny)』이라 일컬었다. 그를 두렵게 했던 것은 바로 이런 것들이었고 현재 나를 두렵게 하는 것은 우리가 버튼 하나를 누름으로써 그것을 불러낼 수 있는 능력을 가지고 있다는 사실이었다.

감각을 단절시키는 것이 내게는 정신착란의 비법처럼 느껴졌다. 동시에 나는 수많은 다른 사람들이 이 모든 것들에 대해 아무런 문제도 느끼지 못한다는 사실을 인정해야 했다. 그들은 이미 변해버렸다. 최대의 완화제인 습관이 작용하여 전자적으로 생성된 세계는 이제 그들에게는 집만큼이나 실재하는 것으로 느껴졌다.

이는 나의 경우에도 마찬가지가 될 것이라고 누군가 내게 말했다. 결국 오래지 않아서 나는 내가 좋아하는 누군가와 대화를 나누기 위해 데이트를 계획하고 있거나 아니면 내 사이버룸을 예쁘게 장식하고 있거나 마을회의에 동료 시민들과 함께 참석하게 될 것이다. 그리고 등뼈가 뻣뻣해지고 오줌보가 꽉 찬 상태로 컴퓨터에서 일어서서는 6시간이 지났음을, 6시간이나 다른 어떤 곳에서 보냈음을 알고 놀라게 될 것이다. 이 점에서 사이버 스페이스는 밖의 세계, 지금 내가 RL(실제 생활)이라고 부르는 것만큼이나 —— 어떤 면에서는 그보다 더 —— 완벽하게 둘러싸여 있는 현실처럼 보이게 될 것이었다. [19]

이때쯤 나는 내가 내 자신의 두려움을 중성매체에 부과하고 있었던 것은 아닌지, 실제로 사이버 스페이스에는 그것에 대한 나 자신의 불편함을 넘어서서 뭔가 잘못된 것이 있는지 고민하고 있었다. 왜 봄베이 박사와 레그바와 쥬니퍼가 알아서 하게 내버려두지 않는가 하고 내 자신에게 물었던 생각이 난다. 전자 가면 무도회 같은 것이 여러분이 하고 싶은 것이라면 그것에 열중하는 것이 어떤 면에서 해가 되는가? 왜 사이버 스페이스 술집에서 6,000마일이나 떨어져 있는 누군가와 어울려 술을 마시면 안되는가? 디벨 자신이 내게 그 해답의 첫부분을 제공하였다. 『당신이 컴퓨터에 타이핑하는 명령어들은 의사 소통을 한다기보다는 방아쇠를 당기는 것과 동일한 방식으로 즉시 그리고 불가항력적으로 일이 일어나게 만드는 일종의 언어이다.」그는 이렇게 설명했다. 컴퓨터는「말과 행동 사이의 방화벽」을 곧 무너뜨릴 것임을 그도 인정했다.

MOO의 세계에서는 이미 그렇게 되었다. 단어로 강간당하는 것은 강간당하는 것이다. 여러분의 꼭두각시가 단어로 강간당하는 것이 곧 여러분 자신이 강간당하는 것이다. 『그러므로 상상으로나마 육체의 짐으로부터 벗어나 신의 자유로움을 맛보기 위해 스스로를 레그바로 묘사했던 누군가는 여성에 대해 관례적으로 마련된 타락의 낙인을 경험해야 했다』고 디벨은 주장했다. [20]

물론 레그바는 그런 일을 겪지 않았다. 봄베이 박사조차도 말로써마나 스스로 잊지 말 것을 상기시켰듯이 레그바는 하나의 꼭두각시였다. 그 누군가도 물론 강간을 당하지는 않았다. 그는 일종의 첨단기술적 음란 전화의 희생양이었다 —— 불쾌하고 불온하기는 하나 강간이 아닌 것은 분명하다. 레그바에서 봄베이 박사 또 쥬니퍼에 이르기까지 누군가가 그 둘을 동일시한다는 것은 어리석은 짓일 뿐만 아니라 위험하기까지 하다. 왜냐하면 그로 인해 단어들이 행동의 신분으로 승격되고 행동 그 자체들은 추상적인 개념으로 희석되기 때문이다. 사람들은 그저 실제로 고통을 겪은 사람에게 벙글의「범죄」에 대해 네트상에서 이루어지는 장황한 논의들—— 도덕적 무책임은 말할 것도 없고 —— 의 철저한 환상을 이해하라고 말하기만 하면 되었다.

이런 은유적인 공동체들에 머물게 됨에 따라 뒤따르는 위험의 일부는 우리가 물리적 현실의 중요성을 평가절하하기 시작할 수도 있다는 사실이었다. 네트라는 기괴한 혼성세계에 파묻혀 우리는 언어로 만든 집이 실제 집이고, 구타에 대한 묘사가 실제 구타와 동일한 것이며, 네트섹스가 실제로서 존립 가능하다고 믿게 될 수도 있다. 한 가지만 예를 들자면, 사이버 스페이스에서의 물리적인 섹스라는 것은, 신체에 대한 언급을 뜻하는 것인가? 아니면 가상인가? 와 같은 질문을 유도하는 하나의 형식이 되어 버렸다. 따라서 사이버 스페이스에서는 감정을 지닌 육체의 시도와 쾌락은 노는 시간보다 적은 몫을 차지하게 되는 것이 당연했다.

그리고 바로 그것이 문제였다. 왜냐하면 그것이 우리의 쾌락 중 많은 것의 근원을 평가절하하기 때문이 아니라, 그것이 우리가 책임을 회피하는 데 도움이 되기 때문이었다.

애팔래치아에서 빈민가에 이르기까지, 과테말라에서 수단에 이르기까지 진짜 육체들이 고통을 겪고 있었다. 사이버 스페이스의 우리는 그들을 도울 수 없었다. 말과 행동 사이의 구분을 지우느라 바빠서 그들을 도울 수 없었던 것이다.

네트상에서 그리고 네트밖에서 나는 육체를 초월한다는 사이버 스페이스의 특성이 사이버 스페이스의 가장 강력한 장점이라는 얘기를 들었다. 그리고, 그 때문에 육체의 아름다움보다는 마음의 기민함을, 물리적인 힘보다는 재치를, 피부색보다는 내면을 중요시하라는 말을 들었다.

우리로 하여금 비물질적인 세계에서 살게 함으로써 사이버 스페이스는 우리에게 육체를 적절한 원근법으로 유지시키는 방법을 가르쳐 줄 것이다. 우리로 하여금 순수하게 정신적인 평면에서 해를 입거나 거부당할 수도 있다는 두려움 없이 서로 만날 수 있게 함으로써 소심한 사람들은 자신의 의견을 말하는 방법을 배우게 될 것이고, 폭력적인 사람들은 자신의 방식이 쓸모 없다는 것을 알게 될 것이고, 완고한 사람들은 인간이 차이점보다는 유사점이 더 많다는 사실을 이해하게 될 것이다.

꿈으로서는 틀림없이 가치가 있었다. 그러나, 현실로 구현된 그 세계는 네트를 설립한 이상주의자들이 전혀 예견하지 못했던 것이었다. 모든 잠재적 미덕이 가지고 있던 어둠이 두 배가 되는 곳, 자유가 능욕당하고 괴롭힐 자유가 되는 곳, 익명성은 음란 전화의 익명성이 되고 물리적 육체로부터의 자유는 다른 누군가의 가상의 육체를 고문하기 위한 초대장이 되는 그런 혼성 세계였다. 현실 세계의 견제와 균형은 문전에서 거절당하면서 인간 본성의 가장 나쁜 모든 것들은 개업하였다.

설계자들이 고려하지 못한 것은 분명 자유란 특정한 제약하에서만 존재하며, 도덕은 물리적 세계의 한계 내에서만 문제가 된다는 단순한 사실이었다. 천국에는 도덕이라는 것이 존재할 수 없다. 지옥에서도 마찬가지이다. 『사이버 스페이스에서는 아무도 여러분의 비명을 들을 수 없다.』 잘 알려진 공포 영화의 슬로건을 인용하면서 한 열광자는 이런 글을 적은 적이 있다.

다시 말해서 정신 공화국, 즉 우리 모두가 서로에게 친절해질 수 있는 실험적인 세계를 건설하는 대신 설립자들은 추상적인 무정부 상태를 지배하고 있었다. 죄의식이나 부끄러움 없이 자유롭게 남을 공격할 수 있는 사이버 스페이스 여행자들은 열정적으로 그런 행동들을 하기 시작했다. 「불꽃 전쟁」——모욕의 축제——이 곳곳에서 일어났다. 네트의 예절은 실종되었다. 『내가 갔던 그 모든 새로운 집단에서 나는 불꽃과 불꽃에 대한 두려움을 발견했다. 나는 완전한 혼돈상태에 빠져 있는 사람들이 끊임없이 서로를 불태우고 또 그들 주변의 모든 것을 불태우는 곳들을 발견했다… 때로는 세계를 향해 그저 악만 쓰고 있는 목소리들을 만나기도 했다. 여러분은 사람들의 손가락을 통해 네트로 쏟아져 들어오는 분노와 포악성을 느낄 수 있을 것이다.」씨브룩(John Seabrook)은 〈뉴요커〉지에서 이렇게 자신의 느낌을 적었다. 씨브룩은 미소띤 얼굴 —— :) —— 과 싱긋 웃음의 상징들 —— 〈g〉 —— 로 뿌려지는 메시지들에서 「개들이 싸움을 피하기 위해 서로에게 굽실거리고 아첨하는 비굴한 모습」을 연상했다. 21)

그리고 불꽃전쟁은 시작에 불과했다. 벙글을 위해 환영의 매트를 까는 것은 마찬가지로 좋지 않은 결과를 낳았다. 육체로부터의 자유는 단순히 벙글의 친구들이 실제로 다른 인물들을 능욕하고 죽이고 팔과 다리를 절단하고 구역질이 날 정도로 상세하게 애완동물을 도살하는 장면을 묘사하는 등등의 짓을 저지를 수 있다는 것을 의미했다. 종족으로부터의 자유는 벙글의 동료들이 —— 예를 들자면 —— 수백만은 아니더라도 수만의 독자들에게 아프리카계 미국인들을 죽이는 다양한 방법을 묘사하는 농담과 리메릭(5행 속요)들의 모음인 검둥이 농담(Nigger Jokes)들을 제공하는 것을 막지 못했다.

이 모든 것을 살펴보면서 나는 과연 그 매력이 무엇일까 궁금했다. alt. england(내가 알기론, 이것은 영국과는 전혀 관계가 없다)에서 패니킨이라는 이름의 누군가가『내 가장 친한 친구들 중 많은 이들이 네트에 있다』라고 내게 말했다. 그러나 물리적 측면에서는 어떠한가 하고 나는 될 수 있는 대로 부드럽게 물었다. 손을 잡는다거나 누군가를 포옹한다거나 하는 간단한 것들에 대해서는 어떠한가 ? 이런 것들이 없으면 좀 곤란하지 않겠는가 ? 즉시 분명하고 도전적인 대답이 돌아왔다. 『나는 사이버식으로 아주 많이 포옹하고 손을 잡아왔다.』 패니킨은 내게 이렇게 말했다. 『사이버 스페이스에서의 유일한 차이점은 당신이 결코 상처받지 않는다는 점뿐이다.』

그러나 사람들은 이렇게든 저렇게든 상처를 받고 있었다. 내가 처음으로 새로운 과학기술이 잠재적으로 중독성을 갖고 있을 수도 있다고 생각하기 시작한 것은 바로 이 때였다. 나는 MOO가 환각제처럼 자신과 타인, 공상의 세계와 감각으로 느껴지는 세계, 현실과 환상 사이의 경계들을 지움으로써 약효를 발휘한다는 것을 깨달았다. 그렇다면 인공 환각제들이 심각한 부작용을 일으키는 것처럼 전자적으로 유도된 것들도 마찬가지가 아닐까? 어쨌건 마약들 —— 메스칼린이나 사일로사이빈 같은 —— 은 이미 존재하지 않는 어떤 것을 보거나 듣는 환상을 제공했다. 그것들은 정신병의 징후와 비슷했고 사람들을 현실과 괴리시킨다는 이유로 정신이상 약물이라 불리웠다. [22]

가상 시스템에 중독성이 있을 수도 있는 것은 내가 아는 사람(이 사람을 아브람이라 부르겠다)에게 사이버 스페이스에 대한 내 관심을 이야기했을 때 비로소 분명하게 느낄 수 있었다. 나와 아브람은 한동안 알고 지낸 사이이다. 근면함, 느린 미소, 약간은 염세적인 듯한 거동 등, 그에게는 뭔가 남을 안심시켜 주는 안정감이 있었다. 테헤란에서 나서 자랐음에도 그는 —— 샤(the Shah, 이란 국왕)의 몰락 후 가족과 함께 이민을 왔다 —— 신세계(New World)에 대해 나보다 더 만족하고 그 세계에 더 뿌리가 깊은 것 같았다.

내가 그쪽에 관심이 있다고 하자, 그는 「베르길 투 마이 단테

(Virgil to my Dante)」게임을 해보라고 권했다. 정치학과 대학원생이자 남편이자 또 아버지라는 위치말고도 아브람은 또한 사이버스페이스 공동체의 오래된 시민이었다. 나는 그의 권유를 받아들였다.

나는 날이 어두워지고 한참이 지난 뒤, 약속한 시간에 우리 대학 내에 있는 개인 컴퓨터실에 도착했고 몇 마디 가벼운 대화를 나눈 다음 아브람이 IBM을 부팅시켰다.

MOO 방에 들어가니 현재 나타나 있는 사람들의 이름과 함께 장소까지 목록으로 화면에 나타났다. 모르포와 니체, 그리고 쟈니는 플레이룸에 있었고, 브라운 베이비, 매니쉬 민스, 슬레이브, 실비아스 마더는 홀에 있었다. 아브람은 플레이룸을 선택한 뒤 『안녕』이라는 글자를 타이핑해서 모든 이들에게 인사를 건넸다. 반응은 즉각 되돌아왔다. 『모르포가 답례합니다』, 『니체가 알리슨에게 키스를 보냅니다.』

나는 아브람이 알리슨이라는 여성으로 행세하고 있음을 알아차렸다. 처음에는 시험삼아 해보는 정도였는데(『내가 그렇게 할 수 있을지 호기심이 생겼어』라고 그는 말했다) 시간이 지남에 따라 아브람은 알리슨이 독자적인 삶을 영위해 가기 시작했다는 것을 발견하였다. 『네트에서 나는 알리슨으로 통해.』그가 내게 말했다. 『모든 사람들이 나를 여자로 알고 또 그렇게 응답해왔지.』나는 알리슨을 탄생시킨 지 2년이 지난 지금 그의 진짜 성(gender)을 네트의 친구들에게 밝힐 수 있느냐고 물었다.

『불가능해.』그는 말했다. 『그렇게 하면 아마 그들은 다시는 나와 이야기하지 않으려 할거야. 그들은 여자로서의 내게 여러가지 이야기들을 해 왔거든…』그는 머리를 가로저었다. 『그들은 아마 일종의 배반 행위로 받아들일거야.』그리고 그는 계속해서 한 남자에게 끊임없이——그를 괴롭히는 존재가 남자임을 가장한 여자일 수도 있음은 전혀 고려하지 않은 채——시달린다는 것이 어떤건지 알아보는 게 얼마나 흥미로운지를 설명했다.

나는 아브람이 네트상에서 한담을 나누는 것을 지켜보았다. 졸리운 듯 심지어 무관심하기까지 하던 그가 갑자기 생기를 띠며 긴장하는 것 같았다.

『여기 RL에 누군가가 나와 함께 있다』라고 타이핑을 쳤다. 『그 사람이 VR에 관심을 가지고 있는데 그와 이야기를 나누어 보겠는가?』아브람의 친구들 중 제니라는 사람이 그러자고 했다. 프라이버시를 지키기 위해 그들은 아브람의 방에서 대화를 나누기로 했다. 나는 키보드 앞에 앉아서 아브람의 위장을 벗기거나 우연히라도 그를 「그」라고 지칭하지 않기 위해 주의를 기울였다.

제니와 내가 나눈 대화는 사람들이 등화관제 동안 어두워진 엘리베이터 안에서 낯선 사람과 나눌 수 있는 그런 정도의 대화였다. 거기에는 이상스런 친밀감이 있었다. 물리적 존재에 수반되는 사회적 관례들의 제약을 벗어나서 우리는 자유로운 상태에서 문제의 핵심에 곧바로 접근했다. 많은 면에서 상당히 멋진 경험이었으므로 곧 나는 제니가 뭔가 재미있는 이야기를 하면 웃고, 이야기에 동의하지 않을 땐 얼굴을 찌푸리고, 또 내 물음에 대한 그녀의 대답을 열렬히 기다리며 키보드 자판을 두들겨댔다. 다만, 그저 어렴풋하게 아브람이 불안한 듯 내 뒤에서 방주변을 이리저리 돌아다니는 것을 느꼈을 뿐이었다.

나는 제니에게 네트에서의 그녀의 삶에 대해, 그리고 사이버 스페이스에서 알게 된 친구들에 대해 물었다. 『난 VR에서 내 일생의 사랑을 만났어요.』그녀는 말했다. 나는 그 사람과 아직도 만나냐고 물었다. 『우리는 매일 만나죠』라고 그녀는 회신했다. 나는 변화를 어떻게 극복했는지, 다시 말해 VR에서 RL로 넘어오는 게 어렵지는 않았는지 물었다. 『우리는 RL에서 만난 적이 한번도 없어요(한숨！)』제니가 대답했다. 『또 그렇게 되리라고는 기대하지 않아요. 그건 너무 힘든 일이 될 거예요.』

대화를 나누기 시작한지 5분도 못되서 아브람이 갑작스럽게, 그러나 정중하게 자리를 이어받았다. 『내가 다시 들어가는 게 좋을 것 같은데』그가 말했다. 『정말로 내가 다시 들어가는 게 좋겠어.』『내가 다시 들어가야겠어.』그는 분명 동요하고 있었다. 네트로 되돌아가서 아브람은 자신에게 있어서 이런 일이 얼마나 기이한 경험이었고 또 얼마나 어려웠는지를 제니에게 설명했다. 『토할 것 같은 느낌이다』라고 썼다.

그는 충격을 받은 것 같았고 불안해했다. 나는 키보드 위에서 그의 손이 떨리고 있는 것을 보았다. 당황스러워진 나는 내가 그를 조금이라도 곤란하게 만들었다면 양해해 달라고 사과한 뒤 곧 자리를 떴다.

집으로 돌아와서 나는 도대체 무슨 일이 있었던가 하고 곰곰히 생각해 보았다. 내가 알리슨의 역할을 했던 게 아니었음에도 불구하고——어떤 제3자와 이야기하기 위해 친구에게서 전화를 빌리는 것과 마찬가지로 대화를 나누기 위해 그저 그 공동체에 있는 그녀의 공간을 이용했을 뿐임에도 불구하고——아브람의 반응은 그 몇 분동안의 내 존재가 어떤 식으로든 공동체 내에서의 그녀의 역할을 위험에 빠뜨리거나 또는 지워버렸음을 암시하는 것이었다. 나는 디지털적으로 부추겨진 정체성의 위기 상황을 목격한 것이었다.

이틀 후 아브람이 집에 들러 그와 제니가 연인 관계를 맺어 왔었노라고 말했다. 그는 그녀와 사랑에 빠져 있었다——그녀의 재치에, 그녀의 매력에, 그녀의 유머에. 그들은 지금까지 거의 2년 동안 1주일에 최소한 5번은 만났다. 그리고 물론 제니는 알리슨이라는 이름의 누군가와 사랑에 빠졌기 때문에 그들의 관계는 레즈비언일 수 밖에 없었다. 여성의 역할을 해보려 했던 시도가 그 독자적인 현실을 만들어낸 것이다. 그와 제니는 섹스를 나누기도 했다고 말했는데 이는 기본적으로 서로 이야기를 나누면서 마스터베이션을 하는 형태였다. 이는 네트상에서의 애인들 사이에서는 흔히 있는 일이라고 그는 말했다. [23] 아브람과 나는 한동안 이야기를 나누었다. 가장 분명한 것은 그가 처한 상황이 변경 불가하다는 사실이었다. 그는 진정으로 사랑에 빠져 있었다.

그는 자신과 제니가 자신들의 생의 나머지 기간 동안, 아니면 그들 중 한 사람이 네트에 진입하는 데 실패하는 그 날까지 계속 만나게 될 거라고 했다. 그리고는 그 연애사건이 종결된다 할지라도 자신은 결코 그냥 아브람으로 되돌아갈 수 없다고 그는 말했다. 네트를 떠난다는 것은 그의 알리슨을 죽이는 것과 같은 것이었다. 그녀가 바로 그였다. 그녀를 침묵시킨다는 것은 상상조차 할 수 없는 일이었다.

나는 교묘하게 아브람의 아내 이야기를 꺼냈다. 그녀는 무슨 일이 일어나고 있는지 전혀 모른다고 그는 말했다. 그는 이에 대해 편치않아 했다. 그가 때때로 한번에 5분 내지 10분 동안 간격을 띄우는 경우 그것은 자신이 이곳, 그의 실제의 거실에 있지 않고 사이버 스페이스에서 제니와 함께 있기 때문이라고 그는 설명했다.

　사이버 스페이스에서의 그후 몇 번의 인터뷰를 통해 나는 아브람의 경험이 이상하다거나, 아니면 특별히 극단적인 것이 아니라는 확신을 갖게 되었다. 내가 네트상에서 이야기를 나누었던 대부분의 사람들과 마찬가지로 아브람이 특히 불안정하다거나 모순된 사람 같지는 않았다. 자신의 성적인 신원(sexual identity)에 대해 불안감을 갖지 않게 된 그가 그냥 사랑에 빠졌던 것이다. 그리고 멀리 떨어져 있는 상태에서 사랑에 빠진다는 것도 결국은 특별할 게 하나도 없었다. 사이버 스페이스에서의 연애는 사람들이 오랫동안 알아온 것을 단순히 다시 보여주고 있는 것이다. 사랑이 항상 육체적인 것만은 아니라는 사실을. 그렇지만 역할 수행이나 형태 전이는 어떠한가? 개별적 정체성의 분열은? 대리 자아에 대한 심리학적 투자는?

　내게는 이런 것들도 역시 인간으로 특성지워지는 어떤 것의 다른 형태(혹은 변형)처럼 보였다. 우리들 각각에게는 사회적인 동물로서 우리가 처한 순간이나 장소의 동반인에 따라 결정되어 수행해야 할 역할——어머니, 애인, 선생님, 친구——이 있다. 그리고 심리학적인 투자면에 있어서 몇몇 개인들에 의해 이루어지는 자신들의 신분 중 특별한 부분들에 대한 엄청난 투자를 누가 부인할 수 있겠는가? 가령 공동의 자아 같은 것들에 말이다.

　그렇다면 사이버 스페이스를 다르게 만드는 것은 무엇인가? 간단히 다음과 같다. 사회적인 역할들은 항상 물리적인 세계의 제약과 한계들에 묶여 왔고 또 그들에 의해 억제되어 왔다. 그리고 그로 인해 대부분의 경우 비교적 일관된 자아의 개발이 가능했다. 그러나 이런 경계들을 치워버리고 물리적인 세계로부터 개인을 분리시키면 자아는 이리저리 제멋대로 굴절할 수 있다. 나는 사이버 스페이스에서의 성전환은 일상적이라는 사실을 알게 되었다——네트가 성전환을 갈망하는 남자와 여자들로 복잡거리기 때문이 아니라 단순히 새로운 매체가 「성전환」을 가능하게 해주기 때문에. 24)

이건 좀 뜻밖의 어려움이지만——그러한 신분들을 쉽게 창조해 내고 유지하게끔 하도록 하고, 또 그들이 놀라운 실체를 지니도록 하고 또 그것들을 쉽게 지울 수 없게 만드는 것은 엄밀히 말해 정형을 벗어난 그 이상한 분위기였다. 그들을 창조해낸 후 아브람 같은 사람들은 자신들의 대리 자아들——대리 자아는 네트상에서 다른 사람들의 반응에 의해 지원·강화된다——이 본래 자아들에 도전하게 되는 것을 지켜볼 수 밖에 없게 된다. 어떤 의미에서 아브람은 더이상 아브람이 아니었다. 알리슨이었다.

이러한 폭로는 상당히 놀랍지 않을 수 없다. 결국 다중인격 장애는 주로 사회적인 존재——현실 세계의 공동체 내에서의 삶——가 통일된 인격의 출현을 원하기 때문에 생겨나는 장애였다. 나는 실제로 다중 인격의 개발을 조장하는 기계들로 인한 새로운 세대의 결과는 무엇일지 궁금했다. 매번 강한 역할을 맡아온 배우들처럼 사이버 스페이스의 여행자들도 그 역할에서 벗어나기 위해서 정신과 상담을 필요로 하게 될까? 많은 사람들이 자신들의 통제를 넘어서는 정신 영역으로 배회해 들어온 것은 아닌가? 내가 일시적인 약물 효과에 의해 가려진 위기, 즉 중요한 건강상의 위기와 마주친 것은 아닌가?

모두가 이런 점을 문제로 간주하는 건 아니었다. 『사이버 스페이스에서는 자아의 배가된 형태들이 어디에서나 꽃피게 될 것」이라고 스텐저는 단언하였다. 이 배가된 자아들은 「이상적이고 역설적이며 통계적」일 것이다. 이는 「정신분열증 초기」일 것이다. 25)

흥을 깨고 싶지는 않지만 나는 그녀의 열정을 공유하는 것이 쉽지 않다고 생각했다. 내 생각에 다중인격 장애는 이상적인 사회에서는 존재해서는 안된다. 나는 이 특별한 질병으로 고생하는 사람들이 나름대로 치유하도록 하기 위해 정기적으로 거리로 내보내지는 뉴욕시에서 내 생의 대부분을 지냈었다. 그 사람들도 이런 것이 이상적이라고는 생각지 않았을 것이다.

아브람에 대한 나의 경험은 과학기술의 천년왕국이라는 미래상을 불러오는 대신, 사이버 스페이스에 대해 강연을 통해 가상 세계에 대한 나의 관심에 불을 붙였던 강사를 상기시켰다. 한 세대가 지나기 전에 우리는 우리의 마음을 컴퓨터에 접속시킬 수 있게 될 것이라고 그 강사는 말했다. 그렇게 오래 기다릴 필요도 없는 것 같았다. 신경 이식은 여전히 어느 정도 먼 미래의 일이긴 하나, 정신적으로는 우리 중 많은 이들이 이미 사이버 스페이스에 연결되어 있었으며 이는 아마도 돌이킬 수 없을 것이다. 그러한 연결 상태는 비단 기계에만 국한된 게 아니었으며 시장도 역시 마찬가지였다.

이러한 대리 자아들 각각——그림자 인구의 일부라고 간주해도 좋을——은 매달 전화요금 청구서에 인질로 붙잡혀 있었다. 말하자면 알리슨(그리고 그녀와 같은 수십만의 대리 자아들)은 저밖에 있는 아브람과 다른 모든 사이버 스페이스 시민들이 매월 나오는 요금을 지불하는 경우에만 살 수 있었다. 생활이 어렵다거나 또는 요금이 오르거나 해서 요금을 지불하지 않으면 알리슨은 사라진다. 바로 여기에 오웰까지도 창백하게 만들었을 광경이 존재한다. 그 사람의 신분이 기계에 종속되고 그에 의해 유지되는 사람들의 수의 급격한 증가. 아브람은 전화요금을 계속 낼 것이다. 요금이 다음달에 4배가 된다 하더라도, 그와 그리고 그와 같은 모든 다른 사람들은 변함없이 요금을 지불할 것이다.

이 모든 것이 중독자들의 새로운 문화를 만들어낼 것인가? 새로운 규제기관도? 컴퓨터에서의 이중 결혼이 이혼에 대한 법적 근거가 될 수 있을까? 이미 뉴욕에서 「네트 중독」을 치료하고 있는 정신과 의사들이 그저 속담에 나오는 빙산의 일각에 불과할 것인가? 자아 형성의 시기에 있는 청소년들은 사이버 스페이스에서의 삶에 어떻게 반응할 것인가?

어쨌든 봄베이 박사조차도 네트섹스는 강력한 장치라고 했다. 그는 혈기왕성하고 여전히 고등학생 수준의 성지식을 지니고 있는 대학 신입생들이 네트에 접하게 될 경우 이는 전체 젊은이들의 세계관에 손쉽게 많은 영향을 미치게 될 것이라는 점을 인정했다. [26]

그러나 내게는 MOO가 앞으로 펼쳐질 미래에 대한 표시자로서 매우 중요한 의미를 가진 것처럼 보였다. 가상 현실이 온라인 상태가 되었을 때, 스톤은 사이버 스페이스가 「의식을 재구성하는 도구상자」가 될 것이라고 했다. 또한 한 남자가 한 여성으로서 또는 그 반대로 또는 그 어떤 다른 것으로서 보여지고 접촉될 것이라고 예견했다. 이미 그녀는 목소리와 감촉까지 완벽하게 다 갖춰진 미리 포장된 육체 형태, 필수품으로서의 다중 인격 등을 빌려주는 데 대한 논의가 있었다고 지적하였다. [27]

나는 아브람의 대체 세계가 곧 사이버 스페이스 공동체 모델-T가 될 것임을 깨달았다. 그리고 만일 현시스템에 부작용이 나타나면 더 진보된 시스템들이 생겨날 것이라고 기대하는 것은 당연한 듯했다. 여러분이 투약량을 두 배로 증가해도 부작용은 사라지지 않을 것이다. 점점 더 실제같이 되어 마침내는 거주 가능한 전자공간에 대한 돌진이 시작되었다고 나는 스스로에게 상기시켰다. 피드백 시스템, 과학기술의 인공기관들, 심지어는 신경이식도 전혀 상상할 수 없는 것들은 아니었다. 아주 강력하고 또 감각적으로 완벽해서 한번 진입하기만 하면 외부세계가 구별이 불가능해질 그런, 컴퓨터로 만들어진 세계를 위한 토대가 마련되어 가고 있다. 그리 멀지 않은 미래에 우리의 화신은 우리 자신이 될 것이다. 신중을 기하지 않는다면 우리 모두가 벙글에게 강간당한 채 분노를 터뜨리게 될 수도 있다.

주(註)

1) Kevin Kelly, *Out of Control : The Rise of Neo-Biological Civilization* (Reading, Mass. : Addison-Wesley, 1994), 185에서 인용됨.

2) 킨크네트(KinkNet), 피도네트(FidoNet) 등은 인터넷을 통해 연결되는 특수 목적의 전자 게시판 네트워크들이다.

3) 이 용어는 비접속자들을 원시주의자 및 러다이트라는 하나의 집단으로 통틀어서 표현하는 많은 용어들 중 하나이다.

4) Peter Rutten, Albert F. Bayers Ⅲ, and Kelly Maloni, *Net Guide* (New York : Random House, 1994).

5) John Perry Barlow, "Introduction", in Rutten, Bayers, and Maloni, *Net Guide*, xvii.

6) 상동, xix.

7) 사이버 스페이스의 신입생들이 경험할 수 있는 기술적 및 기타 다른 여러 문제들에 대한 자세한 설명은 Thomas E. Weber, "Cyberspaced Out", and Mary Lu Carnevale, "World-Wide Web", *Wall Street Journal*, 15 November 1993을 참조한다. 『현재 인터넷은 구멍, 사고, 정체 등이 아주 많은 정보고속도로의 상태이다.』 카네발은 I-웨이에 대한 끊임없이 변화하는 은유법을 확대하면서 이렇게 지적한다. 기계적인 어려움들은 네트의 신입생들에 대한 일반적인 태도로 해결된다. 초보자들이 불꽃을 터뜨리게 만드는 것 — 신입생들이 모욕하기를 기다리는 것 — 은 사이버 스페이스에서의 일반적인 오락이며, 순진한 초심자들을 가장 잘 공격한 사람들에게 수여하는 여러가지 상들이 제정되었다. "Up in Flames", *Wall Street Journal*, 15 November 1993에서의 샌드버그(Jared Sandberg)의 설명 참조. 이런 행동이 일반적으로 해를 끼치지 않긴 하지만 — 보통의 모욕들은 모두 화장실 벽의 낙서 정도의 위트를 담고 있다 — 네트를 사용하기 어렵게 만들 수 있다.

8) MUD의 세계에 대한 환상적인 설명에 대해서는 David Bennahum, "Fly Me to the MOO : Adventures in Textual Reality", *Lingua Franca* (June 1994) 참조.

9) 여기서 나는 "Will the Real Body Please Stand Up ? " in *Cyberspace : First Steps*, ed. Michael Benedikt (Cambridge, Mass. : MIT Press, 1991), 93~94의 「교감성 환각」의 세계에 대한 스톤의 개략에 신세를 지고 있다.

10) Bennahum, "Fly Me to the MOO", 25.

11) Stone, "Will the Real Body Please Stand Up ? ", 94.

12) Julian Dibbell, "Rape in Cyberspace : A Tale of Crime and Punishment On-Line", *The Village Voice*, 21 December 1993.

13) 가상의 범죄 행위와 현실 세계와의 관련은 이제 막 시작되려 하는 합법적인 악몽이라 할 수 있다. 스톤의 지적에 따르면 현재 미래주의자 대변인들이 논박하고 있는 사인들 중 하나는 VR에서의 행동으로 인해 현실 세계의 희생자가 심장마비를 일으켰을 경우 어떤 책임을 부과할 수 있겠는가 하는 것이라고 한다. 그밖에도 명예훼손과 프라이버시에 관한 논의도 있다. Stone, "Will the Real Body Please Stand Up?", 84 참조.

14) 벙글 사건을 둘러싼 네트상에서의 가장 최근 소문은 희생자들이 벙글이라는 인물 뒤에 숨어있는 원래 인물의 E-메일 주소를 찾아내 그의 행동에 대해 그의 현실 세계의 고용주에게 폭로했다고 한다. 물론 이를 확인할 길은 없다.

15) Philip Elmer-Dewitt, "The Amazing Video Game Boom", *Time*, 27 September 1993, 70~72 참조.

16) 디벨 자신도 다음과 같이 지적하면서, 사이버 스페이스 공동체와 그의 초현실적 거주자들이 가지는 힘이 방향감각이 없음을 인정한다. 완전한 객관적 실재를 위해 「디지털 달빛에 의해 너무나 많이 형태가 변할까봐 겁이 난다.」 Dibbell, "Rape in Cyberspace", 37.

17) Bennahum, "Fly Me to the MOO", 26.

18) 벨기에의 초현실주의자인 마그리떼(Rene Magritte)의 1963년작 그림이 내가 알고 있는 사이버 스페이스의 정신을 시각적으로 가장 잘 보여준다. 〈필드 글래스(The Field Glass)〉라는 그 그림은 어두운 내부 벽에 설치된 커다란 이중창을 보여준다. 그 창유리를 통해 우리는 솜털 같은 구름들이 흩어져 있는 온화한 여름 하늘을 볼 수 있다―세계에 대한 창으로, 그림의 로맨틱한 개념을 표현하고 있다. 편안하고 약간은 진부하기까지하다. 여기서 의외의 점은 창문이 약간 열려 있다는 사실에 있다. 유리창 사이의 좁은 공간을 통해 검은 공백이 보인다. 그 영상을 보다 혼란스럽게 만드는 것은 내부 창틀 조각이 유리의 한 귀퉁이를 통해 보인다는 것이다. 세계에 대한 창 대신 우리는 모든 현실이 잠재적으로 환상임을 암시하는 풍경을 보게 된다.

19) 사이버 스페이스 공동체에 들어가는 사람들 사이에 가장 일반적인 경험 중 하나―그리고 그 매체가 얼마나 폐쇄적인가를 잘 보여주는 증거―가 현실 세계에서의 시간의 왜곡이다. 『식사나 수면이나 배설의 문제만 없다면 영원히 실제 세계로 나오지 않을 것이다.』 한 거주자는 내게 이렇게 말했다.

20) Dibbell, "Rape in Cyberspace", 38.

21) John Seabrook, "My First Flame", *The New Yorker*, 6 June 1994.

22) 사이버 스페이스에서 일반적인 유추법은 가상 현실의 용어에 의해 태어났다. 전자 환상 세계들은 대개 MUSHes : Multiple User Shared Hallucination으로 언급된다.

23) "Will the Real Body Please Stand Up?"(102~5)에서 스톤은 사이버 섹스와 폰 섹스의 관계를 논한 다음『행복한건지 불행한건지 어쨌든… 모든 사람들이 아직 가상 현실에서는 오르가즘을 맛보지 못하고 있다』라고 결론을 맺고 있다. 베나훔(David Bennahum)이 지적한 대로, 반은 인간이고 반은 동물인 창조물들이 함께 네트 섹스를 하게 되는 퍼리무크(FurryMuck) 같은 특수 MOO가 엄청나게 빠른 한 손 타이핑에 이바지하는 사이버 스페이스에서는 그렇지 않다. 물론 단말기 앞에 혼자 앉아 있는 것이 사회적 활동이 될 수 있으므로 자위행위도 마찬가지로 그렇게 될 수 있다.

24) 상동, 99~105.

25) Nicole Stenger, "Mind Is a Leaking Rainbow", in Benedikt, *Cyberspace*, 53.

26) Dibbell, "Rape in Cyberspace", 38.

27) Stone, "Will the Real Body Please Stand Up?", 85.

제 3 장

가상 세계

-장소에 대한 공격-

　거울 저너머 국가 컴퓨터 과학 부서들과 두뇌 집단들과, 그리고 공동 연구실 등에서는 두 가지 종류의 가상 현실이 탄생되고 있다. 그 첫번째는 누구라도 한번은 들어 본 적이 있을 그런 종류로서 겉만 번지르하며 언론의 관심을 끌어들인다. 원칙적으로 이는 우리로 하여금 컴퓨터에 들어가서 컴퓨터가 만들어내는 세계에 빠져들게 할 것이다. 두번째는 훨씬 더 비겁한 것으로서 컴퓨터, 그리고 그것에 수반되는 과학기술들로 우리 주변을 둘러싸는 것을 목적으로 한다. 이런 종류의 가상 현실을 이용한다면 헬멧이나 강제-피드백 장갑(force-feedback gloves)이 필요치 않을 것이다. 왜냐하면 여러분의 환경이 가상일 것이고, 여러분이 거주하는 방이 일종의 사이버 스페이스일 것이기 때문이다.

　팔로알토에 위치한 제록스사 연구소에서 근무했던 컴퓨터 공상가 웨이저(Mark Weiser)에 따르면 『미래에는 컴퓨터의 명석함이 여러분을 능가할 것』이라고 한다. 웨이저는 미래에는 지각 능력을 갖춘 집단들, 영리한 물건들 등이 모두 이음새 없는 완벽한 정보의 거미줄로 연결되어 우리를 둘러싸고 있는 일종의 기계로 된 생태계를 형성할 것으로 내다보고 있다. 그는 어느 정도의 지능을 갖춘 부품들로 이루어진 집단이라고 할 수 있는, 살아있는 집이 출현할 것이라고 예견한다.[1] 그 집들은 우리를 알아 볼 수 있을 것이며 우리는 그것들과 이야기를 나눌 수 있게 될 것이다.

이는 초현실의 매우 특별한 세계 또는 증가된 세계 또는 사이버리즘(cyberism)이라 할 수 있다. 그 주창자들—— 공학자들에서 해커, 생명과학 및 인공생명 분야에 종사하는 사람들로부터 사이버 스페이스의 최고 열광자들에 이르는—— 은 원래의 현실에는 결점이 있으며 바로잡아야 한다고 믿고 있다. 현실의 결점은 어떠한 것들인가? IBM의 연구가 및 심리학자들인 켈로그(Wendy A. Kellogg), 케롤(John M. Carroll), 리처즈(John T. Richards)의 설명에 따르면, 우리의 환경에 존재하는 물체들이 아주 무감각하다는 것이 그 한 가지 결점이다. TV 수상기와 라디오는 우리가 전화하고 있을 때 스스로 꺼지지 않는다는 것이 한 예가 될 수 있다.[2]

그들의 생물체 형제들은 훨씬 더 열악한 듯하다. 『모든 창조물들이 다 우리에게 중요한 것은 아니다. 인류에게 영향을 미치지 않을 뿐더러 관심조차 없는 종들이 엄청난 수로 존재한다』라고 물리학자이며 저술가 스톡(Gregory Stock)은 말한다. 과학기술 전도사 헨슨(Keith Henson)은 가령 말과 같은 동물들은 이용하지 않을 때는 껐다가 이용할 때 다시 켤 수 없다고 불평한다. 애플사에서 근무했던 카라코치오스(Ken Karakotsios)가 이러한 일반적인 불만들을 다음과 같이 훌륭히 종합하였다. 『우주에서 잘못된 유일한 한 가지는 그것이 현재 다른 누군가의 프로그램으로 작동되고 있다는 점이다.』[3]

디제라티가 제안하고 있는 것은 무엇인가? 혹자가 예상할 수 있듯이 폐쇄적이고 모방된 현실——가상 세계에 대한 일반적인 전망——이 아니라, 분류되어 있고 증가된 세계이다. 그곳에서는 컴퓨터화(cyberization)가 사람들의 일상활동에 완벽하게 통합되고 현실 세계의 물건들이 그들의 활동을 지원하고 높여주는 가상적 속성과 행동을 한다. 다시 말해「인격화된 우주」이다.「멍청한」물체들이 명석함을 충전받아 철저하게 우리의 뜻대로 움직이며 우리 주변을 둘러쌓아 이음새 없는 완벽한 거미줄을 형성하는 그런 우주 말이다.[4]「자연과 인공」사이의 구분선이 지워질 것이다. 소파는 여러분이 부딪쳐 정강이 살이 까지는 것을 막기 위해 개처럼 당신의 앞에서 비켜날 것이며 구석에 있는 고양이는 털 밑의 두개골에 특허 번호가 새겨져 있을 것이다. 스톤이 표현한 대로라면 과학기술은 우리가 거주하는 새로운「자연」이 될 것이다.[5]

이 얼마나 정신나간 소리인가? 과학기술 전도사 켈리는『주위를 둘러보라. 기계적인 것들과 살아있는 듯한 것들의 중복이 해마다 증가하고 있음을 눈으로 확인할 수 있을 것이다』라고 말한다. 생명체(또는 우리가 순진하게 생명체라 생각해 왔던 것) 그 자체도 기계화를 갈망함에 따라, 이미 기술자들이 인공이면서 동시에 살아있는 괴상한 기계들을 만들어내고 있다. 해초와 물총새의 가면 아래 생명은 끓어넘쳐 크리스탈 조각들로, 전선들로, 생화학적 겔들로, 신경과 실리콘 혼합물 조각들로 부숴진다고 그는 주장한다.[6]

혼란스러운 점은 그의 말이 옳다는 사실이다. 생물과 무생물 사이의 선이 크게 모호해져 왔다. 매일 매일 이전의 경계선들은 지워지거나 뒤로 밀쳐진다. 매년 세계 곳곳의 연구실에서 그 구분선이 지워져 간다. 이미 생물의 특성 중 일부가 기계 시스템으로 옮겨지고 있는 중이며 유기공학도 엄청난 속도로 발전하고 있다. 비비의 심장에서부터 생물 살충제들, 소 성장호르몬에 이르기까지 우리는 생명체를 이리저리 뜯어 고치는 방법을 배우고 있다. 곧 과학기술화된 생명체(곧, 우리)와 살아 있는 과학기술(우리의 환경) 사이의 구별이 영원히 사라질 수도 있다.[7]

실제로, 대부분의 사이버리스트들에게 있어서 인공물과 자연물 사이의 경계에 관한 문제들은 이미 퇴화된 사족이 되어 버렸다. 그들은 『생물학과 과학기술 사이에 실제의 구분은 존재하지 않으며 과거에도 존재하지 않았으므로, 이에 반하는 주장을 하거나 또는 더 나아가 생명이 피스톤 엔진보다 우월하다고 주장하는 것은 우리 인간들의 명백한 오만이다』라고 지적한다. 예를 들어 MIT의 매즈리쉬(Bruce Mazlish) 교수는 여전히 이러한 식의 감상적이고 쓸데없는 소동을 일으키는 이들——주로 「지적인 러다이스트들」, 「종교 광신자들」, 「휴머니스트들」, 그리고 「〈내셔널 인콰이어러(The National Enquirer)〉지의 독자들」——은 호된 비난을 받아야 한다고 믿고 있다. 우리 인간들은 예전에 분별없이 생각해 왔던 것만큼 기계들에 대해 특권을 부여받고 있지는 않다고 그는 경고한다. 그러한 불합리한 생각에서 벗어나면 우리는 우리의 기원이 동물의 왕국과 기계의 왕국 모두에서 발견된다는 것을 알게 될 것이다. 즉, 동물적 특질과 기계적 특질이 통합되어 인간의 본성에 대한 정의를 구성하는 것이다.[8]

물론 우리들 가운데 타블로이드판을 애독하는 휴머니스트들은 이러한 생각을 미쳐 날뛰고 있는 반엘리트주의(우월하다고 생각하는 당신은 누구냐?), 아니면 「나의 엄마는 차(My Mother the Car)」라는 1960년대의 구식 농담을 그대로 옮긴 것이라고 쉽게 무시해 버릴 것이다.[9] 그러나 매즈리쉬는 무시해 버리기에는 그 비중이 너무 큰 인물이며(그는 미국 예술 및 과학학회의 특별회원이다) 또한 그런 전망을 가진 사람들이 그 혼자만이 아니다. 중요한 것은 인간은 「자신이 만든 구조들을 위해 자연을 철저히 지워버리려고 한다」는 면에서 유례없는 존재라는 그의 개념은 바로 그 일을 하고 있는 이들에게 이론적인 먹이를 제공한다는 사실이다.

한 가지만 예를 들자면, MIT의 유명한 미디어 연구소에서는 여러 다양한 분야 출신의 과학기술자들——특히 물리학자, 수학자, 신경 생리학자, 애니메이션 연구, 로봇공학, 인공지능 분야의 전문가들이 포함된다——이 매즈리쉬조차도 혼란스럽다고 생각할 수 있는 그런 방식들로 우주의 형태와 입자를 분주히 개조하고 있다. 미 국방성의 거대한 고등연구기술처(Defense Advanced Research Projects Agency : DARPA)뿐만 아니라 수많은 민간단체들로부터 수억 달러에 달하는 자금을 지원받고 있는 그들은——바로 지금 실제의 현실에서——우리 세계의 경계들이 예상했던 것보다 훨씬 더 유동적이며, 충분한 시간과 자금만 주어진다면 거의 모든 것이 가능하다는 사실을 증명하고 있다.

그들의 작업이 잠재적으로 엄청난 문화적 의미를 함축할 수 있음에도 불구하고, 정치적인 감사로부터 거의 철저하게 자유로운 미디어 연구소(Media Lab) 같은 연구기관들은——카라코치오스의 말을 상기하자면——우주의 「프로그램」을 자신들의 프로그램으로 대체하고 있는 중이다. 미디어 연구소 소장인 네그로폰테

(Nicholas Negroponte) 같은 사람들 ── 자신의 전망을 파는 데 천부적인 소질을 지니고 있는 과학기술자들 ── 의 주도 하에 그들은 빠르게 그리고 조용히 세계를 컴퓨터화시키고 있다.

네그로폰테의 문 앞에 줄서 있는 다음과 같은「탄탄한 대기업들」의 목록은 브랜드(Steward Brand)의 표현대로 실로 감동적이기까지 하다. 제너럴 모터스, RCA, 3M, 주요 TV 방송사들, 테크트로닉스, NHK, IBM, 애플 컴퓨터, 워너 브라더스, 파라마운트, 레고, 다우 존스, 타임, 폴라로이드, 코닥, 휴렛팩커드, 소니, 하이 타치, NTT(일본의 전화회사) 등등, 끝이 없어 보인다. [10]

브랜드가 자신의 계몽서《미디어 연구소 : MIT에서 미래를 발명하기(The Media Lab : Inventing the Future at MIT)》에서 말하길 네그로폰테가 원하는 것은「초 인격화된 친밀한 과학기술 ── 즉, 주문에 따라 모든 것이 만들어지는 상태」이다. 또한 미디어 연구소의 목적은「인간과 기계 사이의 상호작용을 가장 정교한 부분까지 탐구해 들어가는 것」이라고 한다. 이 말의 실질적 의미는 무엇인가? 이는 예를 들어 인간의 신경계를 컴퓨터에 접속시킬 수 있는 여러 다양한 방법들을 연구한다는 의미이다. 기계적 생태계 ── 다시 말해 여러분을 알아보고 여러분의 기분을 느낄 수 있는「기계들의 숲」, 여러분을 쳐다보고 인식할 수 있는 컴퓨터들, 매우 민감해서 정보가 중간중간 끊어지고, 더듬고, 목소리의 톤이 변해가면서 전달되어도 그 의미를 파악할 수 있는 전화 ── 를 전적으로 인간의 의지에 따라 좌우되는 우주, 무한히 인격화된 우주에 이를 때까지 한조각 한조각씩 짜맞춰간다는 의미이다. [11]

이 모든 것을 통해 어떤 세상이 만들어질 것인가? 경계 제거자들(blurmeisters)의 연금술이 그들 스스로가 예측한 대로「기계적인 의식(mechanical consciousness)」이나 「인조 인간」으로의 전개를 초래할 것인가? 널리 퍼져있는 과학기술이라는 층이 우리가 살고 있는 세계로부터 우리를 분리시키게 될 것인가? 스톡이 예상한 대로 자연 세계는 동물원처럼 관리되고 인류는 전자공학이 중개해 주는 활동과 대화에 열중할 수 있는 그런 「안락한 실내 환경」으로 양도될 것인가? 켈리가 암시하듯 신경 잭(neural jack), 사이보그의 신체 일부들, 맞춤 식용 작물, 그리고 시뮬레이트된 인격체들이 도래하고 있는 걸까? [12] 물론 그렇다고 사이버리스트들은 말한다(일부는 그 시기에 대해서 얼버무리긴 하지만).

이런 것들, 그리고 우리가 상상조차 할 수 없는 다른 놀라운 것들은 피할 수 없다. 그것들을 받아들일 것인가? 『물론』이라고 그들은 대답한다. 우리가 새로운 과학기술에 저항할 수 있었던 때가 그 언제 있었는가? 공은 이미 돌고 있고 아무도 그것을 멈출 수 없다. 우리가 신과 같은 존재가 되었을 때, 우리가 세계를 우리의 생각대로 다시 만들었을 때, 미생물들이 우리에 적합하게 복제될 때, 그리고 폭풍을 제어할 수 있게 되었을 때, 그때 우리는 멈출 것이다.

사이버리스트들을 이토록 몰아대는 것은 무엇일까? 이는 지금 분명히 해두어야 할 사항으로, 바로 지극히 비현실적으로 커져버린 오만이다. 『우리가 되고자 하는 것은 하위의 신이다』라고 브랜드는 설명한다. 『현실은 대부분 무상으로 주어져 있고 가상 현실은 창조가 가능하다』(그리고 그는 이렇게 덧붙일 수도 있었으리라. 『또한 통제도 가능하다.』).

그러나 사이버리스트를 몰아대는 데에는 또 다른 자극이 있다. 우리는 과학기술 전도사들의 전작품에서 마치 불길한 멜로디처럼 공포와 혐오가 주기적으로 반복되고 있는 것을 알 수 있다.

신체에 대한, 자연세계에 대한, 모든 육체적 경험에 대한 공포와 혐오. 이를 완벽하게 대변하는 인물이라 할 수 있는 매즈리쉬 교수에 따르면 『인간의 진화 경향은 주변환경을 창조함으로써 동물적 특성으로부터 멀리 떨어지는 방향으로 이루어져 온 것 같다』라고 한다. 그는 논지를 분명히 하기 위해 이러한 인간의 갈망을 완벽하게 포착해 내고 있다는 자미야틴(Yevgeny Zamyatin)의 결함 사회(dystopia)에 대한 소설 《우리(We)》에서 다음 문장을 인용한다. 『인간은 녹색의 벽(the Green Wall)을 지었을 때에야 비로소——즉, 나무, 새, 동물들의 비이성적이고 추악한 세계로부터 우리의 완벽한 기계 세계를 격리시켰을 때에야——야생동물이기를 중단했다.』[13]

매즈리쉬는 이러한 비이성적이고 추악한 세계가 사라져가고 있음을 조금도 의심하지 않는다. 『그러한 것들은 시대의 상징일 뿐이다』라고 그는 어깨를 으쓱한다. 곧 우리의 세계에는 인간과 기계만이 살게 될 것이다. 야생이건 가축이건 동물은 모두 사라지게 될 것이다.

『동물들을 절멸시키기 위해』 그는 아주 감탄하면서 지적했다. 『인간은 최소한 상상으로라도 전세계의 동물들을 절멸시킬 것이다. 그리고 아마도 실제로도 그렇게 할 것이다.』

육체에 싫증이 나고 물질의 세계에 의해 무시당하는 데 지치고, 비이성적이고 추악한 세계에 거절당한 인간은 이제 그 한계에 도달했다. 그들은 인간으로서 이러한 제한적인 상태에 안주하기를 바라지 않는다. 그들은 신이 아니라면 천사라도 되기를 갈망한

다. 『이런 류의 갈망이 그들(우리)의 피에 흐르고 있다』라고 매
즈리쉬는 설명한다.

결국 기독교 사상에서도 신체의 구속으로부터 벗어나는 것, 그
리고 특히 섹스를 버리는 것을 전통적으로 크게 강조해 왔지 않았
던가? 그리고 우리 모두가 하나님의 어린 양이라는 면에서 하나
가 아닌가? 그렇다면 전체로서 인류는 자신을 동물적 특성과 분
리시켜 정신적으로 순수해지기를 원한다고 밖에, 달리 어떻게 결
론지을 수 있겠는가? 『때때로 신체의 불결함과 그것을 벗어 던지
고픈 욕구를 느껴보지 않은 사람이 그 누구이겠는가? 배변이라는
기본적인 욕구나 아니면 심지어 섹스에까지 말이다.』그는 자신
의 주장을 결론지으며 이렇게 물었다. 14)

이 모든 것에 대한 적절한 반응은 무엇인가. 당황스러움? 불
신? 우리는 매즈리쉬가 분명히 비유적으로 말하고 있는 것이라고
생각한다. 그리고 MIT에 있는 사람들이 인공 환경을 계획할 수
있는 가능성이나 우리의 주변환경을 환각의 상태로까지 기술혁신
할 수 있는 가능성에 대해 열변을 토할 때 자신들의 말이 글자 그
대로 받아들여지리라고는 그들 자신도 기대하진 않을 것이라고 우
리는 생각한다. 우리의 생각이 옳을까?

슬프게도 그렇지가 않다. 그들은 지극히 있는 그대로 말하고 있
는 것이다. 그들은 자신들의 미래에 대한 전망에 공감하지 않는
이들에 대해 그리 많은 인내심을 발휘하지 않는다. 새로운 디지털
형태의 불가항력적인 거대한 뭔가를 언급하면서 브랜드는 『당신
이 증기 롤러(steamroller)의 일부가 아니라면 당신은 도로의 일부
이다』라고 표현했다. 15) 이 말은 만약 우리가 우리와 우리의 아이
들이 다음 세기에 거주하게 될 세계를 형상화하는 데 결정권을 가

지고 있다면——만일 우리가 사이버리스트들의 증기 롤러에 밀려 자빠지지 않으려면——관심을 기울이기 시작해야 한다는, 그것도 시급히 그렇게 해야 한다는 뜻이다.

엄밀하게 살펴보면 사이버리스트들의 전망이 이미 실현되어 가고 있다. 모든 기준에 비추어 오늘날 우리의 세계는 과거 그 어느 때보다도 인공적이고 합성적이다. 아직까지는 인공의 고치에서 살고 있지 않지만, 그러한 시나리오를 기괴하고 또 한없이 슬픈 것으로 해석할 만한 감성은 별로 남아있지 않은 듯하다.

인공 두뇌학의 첨단에 서 있는 일본에서는 근로자들이 생산라인에 로봇이 투입되는 것을 환영하기 시작했으며, 산과 바다 모두가 기계화되어 왔고 또 실내로 옮겨져 왔다고 정신과 의사들은 보고하고 있다. 인공의 언덕에서 스키를 타고 인위적으로 시원하게 만든 공기를 마시면서 하늘을 받치고 있는 강철로 만든 대들보를 바라볼 수 있다. 인공의 햇빛 아래서 해변에 누워 여러분과 여러분 자녀들은 기계로 만든 파도를 즐길 수 있다. [16]

역사적인 관점에서 볼 때 사이버리스트들의 말도 타당하다. 그들은 최종회, 즉 모든 시대에 걸쳐 이루어졌던 위대한 인간의 이동 중 하나에 웅장한 피날레를 제공하고 있는 것이다. 20세기에는 우리 자신이 만든 환경으로 이동한다. 우리는 계속 점점 더 외부 세계와 분리되고, 우리에게 많은 것들(공동체, 풍경, 사랑, 모험)을 제공해 줄 능력을 갖춘 기계들로 인해 실내로의 은퇴가 촉진되면서 강력하게 기계화되어 왔으며 또 현재도 그렇게 되고 있다. 외부세계는 빠르게 멀어지고 있다.

예를 들어, 이미 오늘날에도 비디오사이클 투어스(Videocycle Tours)에 가입함으로써「집을 떠나지 않고도」버몬트의 시골길들을 탐사할 수 있다. 화면에 나타나는 코치와 동료들이 정지 자전거의 핸들에 부착된 TV를 통해 길을 안내해 줄 것이다. 운동이 끝난 후 섹스를 하고 싶어지면 쌍방향 CD-ROM을 몸에 걸친다. 가슴쪽의 카메라에서 보여지는 섹스 장면들은 1인칭 관점이기 때문에 자신이 그 행위를 하고 있는 것처럼 느끼게 해줄 것이다. [17] 사이버 섹스를 하다가 쇼핑을 하고픈 기분이 들면 곧바로 쌍방향 쇼핑망에 접속할 수 있다. 소매 상담원인 레비(Walter K. Levy)에 따르면 이 쇼핑망에서는 전화로 상품 목록을 불러내서 선택사항들을 살펴보고 개개의 항목들을 이모저모 따져본 후——아니면 의류의 경우에는 적당한 모델이 그 옷을 입은 것을 본 후에——통신으로 주문할 수 있다. 그리고 이 모든 것을 「안락의자에 앉아서」 다 해치울 수 있을 것이라고 한다. [18]

어처구니없는 소리인가? 물론 그렇다. 하지만 그 어처구니없다는 것은 그것이 표현하고 있는 현상의 중대성을 강조할 뿐이다. 공업화된 세계 곳곳의 수억의 사람들에게 있어 삶은 모두 거의 비슷비슷한 일련의 내부 공간——집, 차, 사무실——으로 붕괴되어져 왔다. 그보다 더 많은 사람들에게 오락은 구경(또는 관음증)과 비슷한 것이 되어 갔으며, 추상적인 커뮤니케이션이 기준이 되었고, 직접적인 경험은 위험한 종류에 속하게 되었다.

지나가는 세계를 저마다의 창너머로 응시하는 은둔자들처럼, 우리는 TV 화면과 컴퓨터 모니터의 전자창을 통해 세계를 바라보는 상태에 이르르고 있다(이를 위해 나무, 꽃 상자, 커튼 등이 완벽하게 갖추어진 가짜 접착식 창틀을 구입할 수 있다). 그리고 우리는 그런 것에 익숙해져 가고 있다. 친구에게 E-메일을 보내거나 자연 비디오로 느릅나무가 가을의 밝은 햇빛 속에 반짝이는 풍경을 보는 것은 얼굴을 마주하고 이야기를 하거나 나무 사이를 걷는 것과는 동일하지 않을지도 모른다. 그러나 우리는 점점 더 그것을 기꺼이 수용하고 있는 것 같다. 『이것이 그 장소에 있는 것 다음가는 최선책이다.』 AT&T사가 예전에 사용하던 광고 문구처럼.

물론 AT&T사는 더 이상 이 슬로건을 사용하지 않는다. 그리고 바로 그 사실은 상당한 의미를 함축한다. 이는 세계에서 실내공간으로의 은퇴가 갖는 진정한 중요성은 그것을 가능하게 만들어주는 과학기술에 있는 것이 아니라, 그것을 매력적인 것으로 생각하게 된 태도면에서의 혁명에 있다는 것을 시사해 준다. 그 이전에 있었던 많은 혁명들과 마찬가지로, 그러한 혁명은 언어의 문제, 즉 특정 용어들을 재해석하여 새로운 현실을 창조할 수 있도록 하는 것에 관련된 문제였다. AT&T사가 그 옛 슬로건을 사용하지 않은 이유는 「그 장소에 있는 것」이라는 표현이 더 이상 과거와 동일한 의미를 담고 있지 않기 때문이다.

회사의 슬로건이 「손을 내밀어 만져보십시오」로 전개되던 때에 이르러서는 누군가와 육체적으로 가까이 있다는 것이 전화를 통해 이야기하는 것보다 가치있다는 가정은 더 이상 당연하지 않게 되었다. 더 이상 전화로 이야기하는 것이 그 장소에 존재하는 것 다음가는 최선책이 아닌 셈이다. 그 자체가 그 장소에 존재하는 것이다.

여기서 언어의 힘이 어떻게 지각(인식)을 변경시킬 수 있는가에 대한 흥미있는 사례연구를 살펴보자. [19] 결국, 우리는 현실과 은유의 뒤섞임을 보고 있다. 현실의 고속도로를 디지털 고속도로와, 물리적 공간을 사이버스 페이스와, 실제 사회를 가상의 사회와 기꺼이 동일시하려는 경향. 물리적 세계의 이러한 격하 및 추상화는 어느 정도 의도적으로 편성되었던 것은 아닌가? 나는 그 점이 의아하다. 새로운 공식들이 우리의 새로운 디지털 형태의 삶을 제공해 줄 사람들에게 믿기 어려울 만큼 많은 이윤으로 변환되기 때문에 그러한 것이 오늘날 적극적으로 권장되고 있는 것인가? 믿으라. 하루 중 점점 더 많은 시간을 인공 환경에서 인간이 만든 쾌락을 즐기며 보냄에 따라 삶 그 자체가 하나의 상품으로 변하게 된다. 누군가가 우리를 위해 그것을 만들고, 우리는 그들로부터 그것을 구입한다.

우리는 우리 자신의 삶에 대한 고객, 불경기가 없는 시장의 고객이 된다. 『때가 되면 세상의 모든 것은 제조품이건 아니건 간에 컴퓨터 내부에서 형상화되어 질 것이다. 이것은 대단히 큰 시장이다. 이것은 모든 것이 된다』라고 컴퓨터 설계전문가 월커(John Walker)는 말한다. [20]

*   *   *

결국 다음과 같은 결론에 이른다. 디지털 혁명은 3조 5,000억 달러 상당의 시장을 제공한다. 그 혁명의 성공에는 우리가 기꺼이 실내로 들어오는 것, 즉 실내 세계(우리가 포기한 것들의 대체물들을 우리에게 판매함으로써 흡족하게 상품화될 수 있는)를 위해 외부세계(많은 것들이 무료인)를 포기한다는 전제조건이 뒤따른다.

그러면 여러분은 공공장소로부터 사적인 공간인 집으로의 이동을 어떤 방식으로 촉진할 것인가? 간단하다. 사적이라는 의미와 공공이라는 의미를 재해석하면 된다. 실내를 실외로, 부재를 존재로, 추상공간을 데카르트식의 3차원 공간으로 재정의하는 것이다. 스톤을 본따 여러분도 이를 전문용어로 「신자연(New Nature)」이라 부른다.

사람들은 그 모든 것이 디지털 시대 사조에 저항하는 자들의 방어를 무너뜨릴 수 있는 상당히 효과적인 방법이라는 점에 동의할 것이다. 당신은 혼자가 아니다. 당신은 연결되어 있다. 당신은 키보드를 두드리며 당신의 방에 격리되어 있는 것이 아니라, 배선으로 접속되어 세계와 함께 있는 것이다. 뒤처지거나 연결되지 못하는 것에 대한 새로운 두려움은 어떻게 설명할 것인가? 오직 대역폭 질투(bandwidth envy)로밖에 묘사할 수 없는 것의 증가를 어떻게 설명할 것인가? 간단하다. 가상의 것이 실제의 것이 될 때, 그 때 컴퓨터는 세계로 열리는 창이 되고 대역폭은 친구들이 우리를 방문하는 문이 된다. 우리는 그 창을 계속 열어 두기 위해 무슨 일이든 할 것이며, 그 어떤 것이라도 구입할 것이다. 마침내 우리는 그 창의 폐쇄를 죽음 그 자체처럼 두려워하게 될 수도 있다.

이 모든 것이 우리가 우리의 현위치 —— 즉, 점점 더 많은 이들이 아무렇지도 않게 실제의 삶을 추상적인 존재와 동일시하게 되는 새로운 시대의 서두 —— 를 파악하는 방법을 설명해 줄 수도 있다. 여기서 완전히 설명되지 않은 것은 새로운 사고를 성급하게 수용하려는 우리의 태도, 물질세계에 대한 우리의 명백한 충성심 부족에 대한 것이다. 왜 우리가 이 새로운 세계를 원하는가에 대해서도 알 수 없다. 그리고 왜 우리가 그것을 원해야만 하는지에 대해서도.

  결국 새로운 과학기술들 및 구개념의 새로운 정의들은 그 자체로서는 아무것도 아니다. 그것들은 우리의 도움이 필요하다. 우리의 도움이 없다면 그것들은 아무것도 성취하지 못하고 죽어버릴 것이다. 우리 중 많은 사람들이 『고맙지만, 사양합니다』라고 말하고 밖으로 나가 자전거를 타거나, 나무 사이를 산책하거나, 아니면 침대로 올라가 사랑을 나눈다면, 비디오사이클 투어스(Video-cycle Tours)와 자연의 소리(Nature Audios), 네트 섹스(Netsex)는 센트 아라마(Scent-a-Rama)와 3차원 안경(3D glasses)의 전철을 밟아 사라져 버릴 것이다.

  MIT 미디어 연구소에서 진행되고 있는 프로젝트 중 많은 것들도 역시 그러할 것이다. 무엇으로 그 흡인력을 설명할 것인가?

  그에 대한 간단한 답은 편집증이다. 신문을 읽거나 저녁 뉴스를 듣는 사람이라면 누구나 이미 잘 알고 있듯이 저 밖의 세계는 위험한 세상이다. 공원도 안전하지 못하고 거리는 더하다. 섹스는 위험하다. 그러나 공포는 타당한 것이건 그렇지 않은 것이건 우리가 외부세계로부터 철수하는 이유의 일부일 수는 있지만, 결코 가장 큰 이유는 아니다. 그 주된 이유는 우리가 저 밖에 있는 그 무엇을 두려워해서라기보다는 저 바깥에 더 이상 「바깥」이라는 것이 존재하지 않기 때문이다.

  얼마전 방영되었던 만화영화 〈심슨 가족(The Simpsons)〉을 보자. 심슨 가족이 사는 지역의 TV가 동시에 꺼져버린 사건이 일어났다. 그 영향은 바로 나타났다. 베토벤의 「전원」 교향곡 도입부의 부푼 긴장감으로 아이들——동면에서 나온 쥐들처럼 햇빛을 받으며 어리둥절해서 눈을 깜빡거리는——이 집 밖으로 뛰어나오기 시작한다.

순식간에 그들은 들판을 이리저리 뛰어다니고 연을 날리고 나무 위에 집을 짓고 자연 그대로의 시내에서 수영을 한다. 그날 저녁, 식탁에서 아이들의 얼굴은 약간 지친 듯하면서 발그스름하게 상기되어 있고, 행복해 보인다. 바트는 이야깃거리를 한 보따리 갖고 있다.

『그리고 어떤 일이 있었는지 아세요?』두팔을 1야드만큼은 펼쳐 보이면서 그가 말한다. 『이만큼이나 큰 메기를 잡을 뻔했다구요.』

물론 이 장면은 매우 유쾌하다. 꽤 성공적이다. 그러나 록웰(Norman Rockwell)의 그림들에서부터 시골 주방 공예품에 이르기까지 모든 것에 묻어있는 그런 류의 진부한 미국적 향수에 대한 풍자로서가 아니라, 종종 과장되는 TV 그 자체에 대한 우리의 두려움을 훌륭히 반영한다는 의미에서 성공적이다. 당신이 앉아서 듣고 보고 있는 TV를 꺼버려라, 그러면 현실을 얻게 되리라. 그러나 〈심슨 가족〉의 외부세계에서의 짧은 체류는 또 다른 이유에서도 효과적이다. 이는 가슴 깊숙이 상처를 준다. 많은 훌륭한 농담이 그러하듯, 이도 또한 가슴을 아프게 하기 때문에 웃음을 준다. 그리고 그것이 가슴을 아프게 하는 기본적인 이유는 이 풍자의 밑바닥에 숨어있는 공산 사회에 대한 전망이 이상하게 친숙하면서도 아주 생경한 것이기 때문이다. 실제 농민이었던 과거에서 톰소여의 환상으로 넘어감으로써 〈심슨 가족〉은 우리가 그 세계로부터 실로 얼마나 멀리 떨어져 왔는가를, 그리고 작은 시내와 편자 던지는 놀이와 메기 등의 세계가 그 얼마나 지독히도 구식처럼 심지어는 환상적으로까지 보이게 되었는지를 분명하게 보여준다.

또한 우리 자신의 과거로부터의 이런 분리감은 우리가 왜 이렇게 기꺼이 외부세계로부터 우리 자신을 격리시키려는 것처럼 보이는지 그리고 왜 추상적 공간이 우리 삶에서 차지하는 비율이 점점 커지는 것을 보고만 있는 것처럼 보이는지 설명하는 데 도움이 된다.

간단히 말해서 우리는 실내로 퇴거하고 있는데 그 이유는 집 바깥의 세계가 우리에게 제공하는 것이 점점 줄어들고 있기 때문이다. 우리들 대부분이 낚시를 하러 갈 수 없는 것은 물고기가 혼란스러운 빛을 발할 가능성이 있기 때문이 아니라, 우리 주변에 작은 내나 호수가 없어서 또는 물고기도 없을 가능성이 많기 때문이다.

우리는 미래 거주자들의 삶과 외부 세계를 통합시키는 데에는 거의 아니 전혀 관심이 없었던 설계자들이 만든 사회에서 살고 있다. 이런 장소에서 TV가 갑자기 고장난다면, 여러분은 베토벤의 전원 교향곡을 흥얼거리며 소들이 집에 도착하기를 기다릴 수는 있겠지만 시내도, 나무 위의 집도, 편자 던지는 놀이를 할 만큼 넓은 잔디밭도, 소들이 머물 목초지도 존재하지 않을 것이다.

나의 아침 출근길에서도 그러한 예를 찾을 수 있다. 고속도로(서해안의 주요 도로 중 하나)로부터 각각 2대의 차가 들어가는 주차장을 갖춘 1/4에이커 정도의 똑같은(그리고 매우 고가의) 주택들로 채워진 공동체들이 줄지어 있는 것을 볼 수 있다.

네모진 잔디밭은 깔끔하게 정돈되어 있고 완벽하며 텅 비어 있다. 이런 공동체들을 살펴보면 아주 분명한 한 가지 사실을 알 수 있다. 이곳에서는 집 밖의 삶이 불가능하다는 것이다.

운동장도 없고, 공원도 없고, 들도 없고, 초원도 없다. 아이들은 거리에서 공놀이를 하지 않는다. 젊은 연인들은 나무그늘 아래서 (나무도 존재하지 않는다) 너무 길게 너무 열정적으로 키스를 하여 할머니들을 분개시키지 아니하며, 이웃들은 서로 말을 건네지 않으며 심지어 말싸움조차 하지 않는다. 유일한 선택사항, 만약 여러분이 밖에 나가길 원한다면 그건 차를 타기 위해서이다. 그렇다면 이런 공동체들에서 사는 사람들은 무엇을 할까? 그들은 다른 어떤 일들을 할 수 있을까? 그들은 내부에서 산다. TV를 보면서, 자신들의 가정용 오락 시스템을 사용하면서, 컴퓨터 게임을 하면서. 그들이 밖으로 나갈 때는 어디론가 들어가기 위해서이다. 쇼핑몰이나 상점이나 영화관으로. 스톡은 이를 다음과 같이 적절하게 표현하였다. 『「인간」과 「자연」 환경 사이의 감정적 연결고리가 약해져 가는 것은 전혀 놀라운 일이 아니다. 인간이 경험하는 것의 점점 더 많은 부분이 완전히 다른 영역에서 이루어지는 것일 뿐이다.』[21]

다시 말해서 집안으로의 우리의 이동은 환경에 관련된 문제이다. 자연 세계가 우리의 삶으로부터 사라지기 때문에 우리는 강제적으로, 하는 수 없이 실내로 들어오게 되는 것이다.

그러나 집안으로의 우리의 이동은 우리가 한때 알고 있었던 삶 —— 물리적인 공동체와, 그리고 특정한 지역적 풍경에 근거를 둔 삶 —— 의 남아있는 부분들로부터 우리를 제외시키는 과정에서 물리적 세계를 훨씬 더 등한시하게 만든다.

이러한 전망을 어떤 이상화된 것에 대한 가망없는 낭만적인 동경이라고 단정하는 사이버리스트들에게 나는 『물리적 세계의 중요성을 논하는 것은 유토피아적 이상주의가 아니라, 정상적이며 건전한 행위이다』라고 말해주고 싶다. 우리가 실제의 물건 없이 살 수 있으며, 실제의 물건을 가상의 대안물로 대체할 수 있다고 생각하는 것이야말로 미친 짓이다.

그럼에도 불구하고 바로 그것이 사이버리스트들의 선구자들에 의해 분명하고도 뻔뻔스럽게 꾀해지고 있다. 집안에 있어도 되는데 왜 밖에 나가십니까? 비행기를 날리고 싶다고 했나요? 접속하세요. 물고기를 좋아하세요? 우리가 당신에게 디지털 물고기들을 판매하겠습니다. AIDS와 성병이 걱정되세요? 미스 셉템버가 당신 대신 옷을 벗어드립니다(여러분은 말한다. 『그건 같지가 않다. 아무리 상호작용한다고 해도 자위행위는 여전히 직접 행하는 것 다음의 차선책이 아니냐?』) 우리에게 시간을 주십시오. 지금 해결하고 있는 중입니다. 즉각적으로 목적을 이룰 수가 있는데 왜 실제의 불완전한 몸을 물리적 공간으로 움직이는 번거로움을 겪는가? 여러분 자신의 환경을 설계할 수 있는데 왜 결점이 많은 현실을 인내하고 있는가? 기계를 받아들이라——그것이 당신의 일가 친척이요, 영혼이요, 구세주이리라.

참으로 이상하게도 사이버리스트들은 이러한 전망을 지지하기 위해 문학에 의지하는 것을 좋아한다. [22] 인용되는 빈도수로 판단컨대, 그들이 가장 선호하는 작품은 버틀러(Samuel Butler)의 풍자 소설 《에리혼(Erewhon)》인데 이 작품에서 작가는 모든 종류의 러다이트들과 계층들을 등장시킨다(그들은 다음의 인용구를 즐겨 애용한다). 『현재 기계들은 거의 의식을 소유하지 못하고 있다는 점에서, 기계 의식의 궁극적 개발에 반대되는 안전이란 존재하지 않는다.』 훌륭한 인용구이다. 성공적이다. 그러나 문학 작품이 우리를 인공 두뇌학의 미래로 이끌어 줄 것이라면 내 생각으로는 더 좋은 작품이 있다고 본다.

1928년 포스터(E. M. Forster)가 공상과학 소설을 쓰기 위해 자리에 앉았다. 《전망 좋은 방(A Room with a View)》, 《인도로 가는 길(A Passage to India)》, 《하워드가의 종말(Howard's End)》에서 포스터는 미래를 예측하는 데보다는 영국 중산층의 빈곤을 상세히 분석하는 데 관심이 많았다. 그러나 포스터의 감성은 문화적 과도기에서의 하나의 전율을 집어냈다. 20세기 삶의 기계적인 면에 짜증이 난 포스터는 사람들을 서로 분리시키는 힘들에 본능적으로 초점을 맞추게 되었고 그에 따라 시대의 징후들에 주목하려 미래를 관찰하였다. 분명코 그는 자신이 본 것을 좋아하지 않았다.

오웰의 작품만큼이나 섬뜩한 결함사회에 대한 악몽인 《기계가 멈춘다(The Machine Stops)》[23]는 벌집 구멍처럼 6각형인 작은 방에서 시작된다. 이 방에서 사는 여자 배쉬티는 전화로 쇼핑을 하고 전화로 음식을 주문하며 자기 방을 떠나지 않고도 보고 들을 수 있는 청중에게 강연을 한다. 그녀는 직접적인 경험을 병적으로 두려워한다. 직접적인 관찰, 물리적인 공간, 중개되지 않은 사건 등은 그녀의 세계에서 모두 추방되었다. 그녀의 방 —— 외부세계를 대신할 수 있도록 완전하게 장비를 갖춘 일종의 컴퓨터를 통해서 다른 벙커들과 연결되어 있는 지하 벙커 —— 은 자폐된(self-enclosed) 우주이다. 『그 속에는 아무것도 들어있지 않으나 세상에서 그녀가 좋아했던 모든 것들과 접해 있었다』라고 포스터는 우리에게 이야기한다. 자연은 인간의 삶으로부터 제거되었다. 『그녀는 밤에 불을 끄고 잠이 들었다. 그녀는 깨어나 방에 불을 켰다. 그녀는 식사를 하고 친구들과 의견을 교환하고 음악을 듣고 강연에 참석했다. 그녀는 방에 불을 끄고 잠이 들었다.』

이 자폐된 세계 속으로 배쉬티의 아들이자 반역자이며 반항가인 쿠노가 들어온다(그의 영상이 TV 같은 청색 평면에 나타난다). 그는 그녀의 것과 똑같은, 남반구에 있는 방에서 살고 있다. 『전 어머니가 절 보러 와주셨으면 합니다.』 그가 말한다. 배쉬티는 처음에는 그 뜻을 이해하지 못한다. 『그렇지만 이렇게 난 너를 볼 수 있잖니 ?』 그녀가 이의를 제기한다. 그러나 쿠노는 기계를 통해서 어머니를 만나고 싶지가 않은 것이다.

막연하게 그는 그 이상의 것을 원한다. 『이 평면에서 어머니를 닮은 어떤 것을 보긴 하지만 진짜 어머니를 보는 건 아니예요.』 그가 말한다. 『우리가 만나서 서로 얼굴을 맞대고 내 마음속에 있는 소망들을 이야기할 수 있도록 저를 한번 찾아와 주세요.』「직접적인 경험의 공포」를 예견하면서도 마침내 그녀는 가겠다고 한다.

여행 그 자체는 통제되지 않은 사건들로 이루어지는 하나의 시련이다. 교통은 편리해지고 빨라졌다. 새로운 것들에 대한 충격은 크게 중화되어 왔다(포스터는 모든 세계가 이제 거의 다 같아 보인다고 이야기한다). 자연은 완전히 길들여졌다. 그러나 또다른 고난의 근원이 생겨나고 있었다. 예를 들어 배쉬티가 비틀거리자, 사람들을 다루어야 하기 때문에 거동면에서 아직「약간의 거침과 원초적인 특성」을 지니고 있는 여승무원이 야만적인 행동을 한다. 사람들이 더 이상은 서로를 만지지 않으며, 그런 관습은 사라져버렸다는 사실을 잊은 채, 그녀는 손을 뻗쳐 배쉬티를 잡아준 뒤 바로 그녀를 그냥 넘어지게 놔두지 않은데 대해 사과한다. 한 남자가 실수로 책(혼란시대의 유물)을 떨어뜨리자, 모든 승객들이 불안에 빠진다. 통로는 기계화되지 않았기 때문에 바닥은 책을 집어 올릴 수가 없는 것이다.

어머니와 얼굴을 마주 대한 쿠노는 어머니에게 자신이 범한 죄를 털어놓는다. 직접적인 경험이 악마 같은 것이 되어 버렸고 또 자연 세계가 사라져버린 이「기계의 시대」에서 쿠노는 지상에 갔다온 것이다. 그의 반역은 여기서 끝나지 않는다. 『공간은 전멸되었다고 우리는 말하죠.』그는 주장한다. 『그렇지만 우리가 전멸시킨 것은 공간이 아니라 그것에 대한 감각이예요. 우리는 우리 자신의 일부를 상실해 온 거라구요.』쿠노——젊고 공격적이고 호기심 많은——는 물리적인 세계를 회복시키기로 결심한다. 『인간이 기준이예요.』그는 이렇게 주장함으로써 어머니를 경악시킨다. 『인간의 발이 거리에 대한 기준이고, 인간의 손이 소유에 대한 기준이며, 인간의 몸이 모든 사랑스럽고 바람직하며 강한 것들의 기준이예요.』

기계 위쪽으로 기어 올라가 실제 밤의 어둠 속으로 머리를 디밀었다고 쿠노는 말한다. 『밤마다 별빛에게로 그리고 부인들에게로 되돌아오곤 했던 죽은 노동자들과 또 열린 공기 속에서 살았던 모든 세대들의 영혼의 소리를 듣는 것 같았어요… 오염에 대한 항의가 제기되었다는 것을, 그리고 죽은 자들이 나를 위로하고 있듯이 그렇게 나는 태어나지 않은 아이들을 위로하고 있다는 것을 처음으로 느꼈어요. 나는 인류가 존재한다는 것을 느꼈어요. 그리고 이 모든 튜브들, 버튼들, 기계들이 우리와 함께 이 세상에 온 것도 아니고 우리를 완성시키지도 않을 것이며 또 우리에게 그것들은 중요한 게 아니라는 것을 느꼈어요.』

아들의 고백에 망연자실해진 배쉬티는 기계는 자비를 베풀 수 없다는 것을 알면서도 그를 운명에 맞서도록 내버려둔다. 기계 세상에 대한 헌신은 조금도 흔들리지 않은 채 그녀는 벌집에 있는 자신의 밀실로 되돌아온다. 방은 활기를 띠고 기계들은 제 임무를 수행한다. 포근하게 담요를 두른 채 그녀는 잠시 중단했던 추상적인 삶을 다시 시작한다.

포스터의 이야기는 마치 요한 계시록에 나오는 것처럼 결론을 맺는다. 수많은 환영들, 빛을 발하는 TV같이 생긴 평면들, 멀리서 들리는 음악. 처음에는 느리다가 점점 빨라져서 나중에는 엄청난 속도로 막이 내린다. 벙커들이 어둠이 묻힌다. 인류가 세상에 대한 대체물로서 의지하게 된 기계가 정지한다. 외부 세계쪽으로 난 통로를 더듬어 나가다가 배쉬티는 마지막 순간에 그녀를 보러 온 아들을 발견한다. 그들이 서로를 껴안자 비행선 하나가 인간 벌집으로 떨어지면서 폭발한다. 『잠시동안』 포스터는 이렇게 적고 있다. 『그들은 죽은 자들의 나라를 보았고 그리고 그들이 그곳에 합류하기 전에 티없는 하늘을 보았다.』

나는 이제껏 공상과학 소설에는 특별히 관심을 가져본 적이 없음을 고백한다. 포스터의 장중하고도 음울한 전망을 마주하여 나는 지나치게 분명하고 지나치게 환원되는 듯한 대체물들로부터 나 자신을 멀리 떼어놓을 수 없다는 것을, 그러한 자격조차 없다는 것을 깨달았다. 그것은 물질적 세계 —— 즉 실제의 풍경, 인간의 접촉 —— 에 대한 충성심이라는 면에서 너무 뻔뻔스럽고, 너무나도 뚜렷하게 비뚤어져 있다. 『포스터의 세계는 우리의 세계가 아니다.』 나는 이렇게 말하고 싶다. 우리는 벙커 속에서 살고 있지 않다. 우리는 여전히 실제 삶에서 서로 만나고 서로 접촉하며 서로 사랑을 나누고 있다.

그러나 그렇게 말할 수 없다. 우리 눈에 비춰지는 모든 곳에서

페인트를 뚫고 나오는 벽지의 문양처럼 그렇게 포스터의 세상이 나타나기 시작하고 있는 것 같다.

70년전 포스터는 자신의 여주인공을 인간 벌집의 중심에 위치시켰었다. 오늘날 과학기술자들은 네트의 상호연결된 벌집 같은 특성을 묘사하기 위해 바로 그 은유법을 사용하고 있다. 켈리의 저서《통제를 넘어서(Out of Control)》의 겉표지는 각각의 창과 방이 하나의 컴퓨터 화면인 아파트 건물로부터 날아가는 수벌의 모습을 싣고 있다. 70년전 포스터는 다음과 같이 썼다. 『바다 밑, 산자락 밑에는 그들로 하여금 보고 들을 수 있게 해주는 전선들이 깔려 있었다.』오늘날 그 예언은 완전히 이루어졌다. 『전선들로 가득찬 우리의 지구는』켈리는 이렇게 적고 있다. 『광섬유, 데이터베이스, 입력장치의 깨끗한 외관 속에서 순환하는 비트들로 휩싸이고 있다.』켈리의 새로운 시대 과장의 또다른 예인가? 그렇지 않다. 나는 AT&T사가 아프리카 대륙에 광섬유 케이블을 설치하고 있다는 기사를 신문에서 읽는다. [24]

그리고 물론 대체물들은 거기에서 끝나지 않는다. 포스터의 소설에서 사이버 스페이스는 최고의 권좌를 차지한다. 대체물이 원래 원형보다 우월한 것으로 간주되었다. [25] 과학기술은 많은 시종들에게 충절을 요구하는 신, 다시 말해서 그것을 창조한 창조자의 통제를 넘어선 신이 되었다.

과학기술의 천년왕국을 향해 계속 날아가 보면 포스터의 소설이 선견지명이 있는 동시에 아주 위협적인 것으로 보여진다. 그것이 전해주는 교훈들은 섬뜩할 정도로 들어맞는다.

그 소설의 등장인물들이 고려하지 않았던 것은 변화하는 시대가 어디로 나아가게 될 것인지 하는 문제였다. 프로스트(Robert

Frost)가 말했듯이 길이 어떻게 해서 또다른 길로 통하게 되는 지, 어떻게 해서 특정한 선택들이 또다른 선택들, 그것도 별로 달갑지 않은 선택들을 초래하는지, 어떻게 해서 습관이 고착되는지, 어떻게 해서 결국에는 현실 세계에서 생생히 살아있어야 하는 정신적인 힘이 마치 오랫동안 사용되지 않고 방치된 근육과 인대처럼 쇠약해지고 쇠퇴하는지 하는 문제였던 것 같다.

포스터의 허구는 확대된 계시록을 묘사하고 있다. 점점 더 무기력해지고 인내심이 사라지고 흥분을 잘하게 된 인간은 모든 것을 기계에 위임한다. 그리고 기계는 멈춘다.

바로 그런 것이 우리의 생애에서 지금 막 시작되고 있다.

주(註)

1) Kevin Kelly, *Out of Control : The Rise of Neo-Biological Civilization* (Reading, Mass. : Addison-Wesley, 1994), 171에서 인용.

2) Wendy A. Kellogg, John M. Carroll, and John T. Richards, "Making Reality a Cyberspace", in *Cyberspace : First Steps*, ed. Michael Benedikt (Cambridge, Mass. : MIT Press, 1991), 412~13. 그러나 저자들은 폐쇄된 가상 세계가 여전히 그 입지를 확보하게 될 것이라고 지적한다. 예를 들어, 미래의 박물관에서는 방문객들이 가상 동물이 됨으로써 동물의 환경을 경험할 수 있는 사이버 스페이스에 들어갈 수도 있다.

3) Gregory Stock, *Metaman : The Merging of Humans and Machines into a Global Superorganism* (New York : Simon and Schuster, 1993), 182. 헨센(Hensen)은 Kelly, *Out of Control*, 49에서 인용했음. 카라코치오스(Karakotsios)는 같은 책, 349~50에서 인용했음.

4) Kellogg, Carroll, and Richards, "Making Reality a Cyberspace", 412~13.

5) Allucquere Rosanne Stone, "Will the Real Body Please Stand Up ?", in Benedikt, *Cyberspace*, 102.

6) Kelly, *Out of Control*, 350.

7) 인공 생명 분야의 발전에 대한 자세한 정보는 Steven Levy, *Artificial Life : The Quest for a New Creation* (New York : Pantheon, 1992) 참조. 휴먼 게놈 프로젝트 및 기타 유전자 연구에 대해서는 Robert Cook-Deegan, *The Gene Wars* (New York : Norton, 1993)과 John Seabrook, "Building a Better Human", in *The New Yorker* (28 March 1994) 참조. 시브룩의 평론은 쿡 디건과 기타 다른 사람들이 관심이 없어 보이는 윤리의 문제를 야기한다. 나 자신의 경우와 마찬가지로 시브룩에게 있어서 본질적인 문제는 우리가 그렇게 할 수 있는가 하는 것이 아니라 우리가 그렇게 해야 하는가 하는 것이다.

8) Bruce Mazlish, *The Fourth Discontinuity : The Co-Evolution of Humans and Machines* (New Haven : Yale University Press, 1993), 8.

9) 과학기술 전도사들 사이에서는 때때로 괴팍스러움이 직업상의 위험 요소가 되곤 하는 것 같다. 예를 들어, Gregory Stock, *Metaman*, 62~63에서 나오는 기계 왕국에서의 「모방과 위조」의 예 참조.

10) Steward Brand, *The Media Lab : Inventing the Future at MIT* (New York :

Viking, 1987), 8, 참조. 브랜드는 MIT와 그의 많은 구혼자들의 관계를 자세하게 묘사하고 있다. 간략하게 말해서, 기금의 대가로 외부 관계자들은 대학에서 개발한「개발품들」을 얻는다. 새로운 제품들은 차례로 대학에 더 많은 기금과 이윤을 가져다 준다(MIT는 현재 단일 테크놀로지로 특허 사용료에 대한 세계 기록—1,900만 달러—을 보유하고 있다). 이 피드백 고리에서 빠진 유일한 한 가지는 윤리이다.

11) 상동, 54~55.「민감하고」「인격화된」테크놀로지의 꿈은 미디어 연구소에서 진행되고 있는 많은 것들의 중심이며, 브랜드의 저서의 주요 주제이다. 미디어 연구소 같은 곳에서 처음 착안된 많은 제품들—의인화된 신문들에서부터 음성 명령을 받아들이는 전화에 이르기까지—이 이미 시장에 들어오고 있다. 다른 것들, 이를테면 인텔리전트 컴퓨터 에이전트—국가 컴퓨터 네트워크에 진입하여 자신의 소유자의 명령을 실행할 수 있는 미생물들—도 막 시장에 들어오려 하고 있다. John Markoff, "Hopes and Fears on New Computer Organisms", *New York Times*, 6 January 1994 참조. 앞으로의 조짐에 대한 흥미로운 비평에 대해서는 James Gleick, "The Telephone Transformed—into Almost Everything", *New York Times Magazine*, 16 May 1993 참조.

12) 과학기술 전도사들은 보다 엄격한 종교적인 천년왕국설 신봉자들처럼 과학기술의 천년왕국이 임박해 있음을 기정사실처럼 여긴다.

13) Brand, *The Media Lab*, 116 ; Mazlish, *The Fourth Discontinuity*, 184.

14) Mazlish, *The Fourth Discontinuity*, 182, 218~19.

15) Brand, *The Media Lab*, 9.

16) Andrew Pollack, "To Surf and Ski, the Japanese Are Heading Indoors", *New York Times*, 15 June 1993.

17) 섹스신 기술에 대한 논평은 Dean Takahashi, "Sex Play in Cyberspace", *Los Angeles Times*, 16 January 1994에 인용된, 피식스 인터랙티브의 사장인 우(Paul Wu)의 말이다. "Porn, the Low-Slung Engine of Progress", *New York Times*, 9 January 1994에서의 티에르니(John Tierney)의 테크놀로지와 포르노그라피의 관계에 대한 논평 참조.

18) Stephanie Strom, "Testing the High Hopes for TV Shopping", *New York Times*, 3 January 1994에서 인용.

19) 어휘 사전에의「가상(virtual)」이라는 단어의 도입은 어떤 면에서 기독교의 새벽에「정신적(spiritual)」이라는 단어의 도입과 관련된 전도와 아주 유사한 가치관의 전도를 시사한다. 생과 죽음에 정신적이라는 형용사를 추가함으로써 기독교는 그 단어들의 초기의 의미들을 뒤바꾸었다. 다시 말해서 생과 죽음은 더 이상 신체라는 면이 아닌, 정신적인 면에서 이해되어야 했다. 이런 새로운 계산법하에서 신체적인 생은 정신적인 죽음으로, 신체적인 죽음은 정신적인 생으로 이해되게 되었다. 디지털 혁명에서 변형되는 형용사는「가상(virtual)」이라는 단어이다.

20) Kelly, *Out of Control*, 314에서 인용.

21) Stock, *Metaman*, 204.

22) 그들이 인용하는 작품에 대한 그들의 견해는 매우 독특한 동시에 겸손함이 결여된 듯한 경향이 있다. 예를 들어, 매즈리쉬(Bruce Mazlish)는 카펙(Karel Capek)의 고전극 R. U. R. 을 거의 있을 법하지 않은 생각들을 「너무나도 뒤죽박죽으로」「지독히 혼란스럽게」, 「엉망으로 써 놓은 잡탕」(유리집으로부터 돌을 던지는 행위의 위험성을 충격적으로 보여주는 예)이라 생각하며 그 작가는 재능도 없고 멍청하다고 생각한다. 또 켈리는 오웰(George Orwell)을 내쫓고 그의 자리에 볼터(Jay David Bolter)라는 작가를 내세운다. 『통찰력이 매우 깊은 볼터는 컴퓨터가 「이질성, 개인주의, 자율성」에 대한 것임을 결론적으로 보여주었다.』 말할 나위 없이, 오웰의 예측들은 전체적으로 무시무시할 정도로 선견지명이 있을 뿐 아니라 정확하기도 하다.

23) E. M. Forster, "The Machine Stops", *Modern Short Stories* (New York : Oxford University Press, 1951).

24) Kelly, *Out of Control*, 440. John Holusha, "AT&T Proposes Sea Cable That Would Encircle Africa", *New York Times*, 26 April 1994.

25) 최근 한 예술품 경매장에서, 다양한 예술 작품들에 대한 전자 판권 매입을 담당하고 있는 빌 게이츠의 대표들 중 한 사람이 빌 게이츠가 예술품 원본과 복제품의 차이를 알고 있는가 하는 질문을 받았다. 『분명 알고 계십니다. 그리고 사장님은 복제품을 훨씬 선호하십니다』라는 게 그 대답이었다. Neil Morgan, "Bill Gates Would Prefer Electronic Van Gogh", *San Diego Union-Tribune*, 9 June 1994.

제 4 장

벌집으로 가는 고속도로
- 공동체에 대한 공격 -

세계를 건설한다는 것은 그것만으로 끝나는 일이 아니라는 점에
는 대부분이 동의할 것이다. 우리의 「주변환경」을 개조한다는 것
에는 우리 자신을 개조한다는 의미가 포함되어 있다. 이는 몇 가
지 흥미로운 의문을 던져준다. 디제라티가 주장하듯 우리의 세계
가 곧 우리가 알아 볼 수 없을 정도로 바뀐다면 그 혼합물에서는
어떤 종류의 인간이 생겨날 것인가? 디지털 혁명을 거친 후 개개
인의 삶은 어떤 형태를 취하게 될 것인가? 이것은 사이버리스트
스스로가 묻고 그리고 대답하는 데 결코 싫증내지 않는 물음들이
다. 이에 대해 잘 알고 있는 이들은 디지털 신세계에서의 우리의
삶이 어떤 형태일 것이라고 말하는가? 네트의 일반대중 지지자들
은 모든 면에서 향상되어 있을 것이라고 말한다.

우리는 원격으로 모든 것을 할 수 있게 될 것이다. 세계는 우리
의 밥이 될 것이다. 중간계층의 열광자들은 눈부시게 아름다울 것
이라고 말한다. 새로운 시대(New Age)는 인간의 영혼을 고양시
키고 사회문제들을 해결할 것이다. 진정한 디제라티는 말한다.

인간을 정의하라! 세계를 정의하라![1]

　여기서 나머지 우리들은 젖은 손가락을 공중에 뻗어 디지털 물결의 바람이 어디로 향하는지 조심스럽게 가늠하게 된다. 시대가 변하고 있다는 사실에는 의심할 여지가 없다. 이미 쉴새없이 활동하고 있는 야심가들이 알래스카에 있는 맥킨리산 정상에서부터 로스앤젤레스까지 전화를 가설하고 있으며 도보여행가들은 자신들의 위치를 파악하기 위해서 포켓용 위치지정 장치와 컴퓨터화된 고도계를 사용하고 있다. 또한 모토로라사의 통신위성인 이리듐 시스템은 지구상의 어느 곳에서라도 전화 혹은 무선호출이 가능하게 했다. 그러는 동안 엄청나게 배선이 깔린 황무지에 싫증이 난 사람들은 사이버 스페이스의 황무지들로 관심을 돌려 월드 와이드 웹(World Wide Web)이라 불리는 인터넷(Internet)에 빠져서는 하이퍼 텍스트(hyper-text) 형태의 문서들과 디지털 그림들의 미궁 속에서 단서를 지시하며 딸깍딸깍 마우스를 눌러대고 있다. 그리고 우리는 이것이 현재 일어나고 있는 변화의 바다에서 잔물결, 디지털 오즈(Oz)로 가는 길에 놓여 있는 노란 벽돌에 불과하다는 것을 깨닫는다.[2]

　새로운 천년왕국이 우리를 위해 준비해두고 있는 것은 진정 무엇일까? 사이버리스트들의 청사진에 따라 펼쳐질 이 시대는 우리를 어디로 데리고 갈 것인가? 「아무도 모른다」라는 것이 일반적인 대답인 듯하다. 그러니 기다려 보는 것이 상책이겠다. 이 말은 아주 타당하게 들린다. 그러나 기다리고 있는 동안 지금까지 디지털 혁명에 의해 만들어진 두 가지의 위대한 은유법을 면밀히 살펴보는 것만으로도 상황의 진전방향에 대한 좋은 아이디어를 얻을 수 있다. 「정보고속도로」와 그것의 계승자——더 새롭고 더 공격적인──「디지털 벌집」이 그것이다.

해답을 얻기 위해 문학적 은유에 시선을 돌리는 이유는 무엇인가? 은유는 그것이 진실을 폭로하건 아니면 은폐하건 간에 항상 그것들을 사용하는 이들에 대해 많은 것을 알려준다.

우리의 궤도를 고속도로에서 벌집으로 계획함으로써 우리를 인도하는 안내자들이 우리를 위해 마음속에 두고 있는 방향감각, 즉 그들이 중요하다고 생각하는 것과 그들이 폐기하려는 것에 대해 좀더 알 수 있게 될 것이다.

*　　*　　*

디지털면에서 보면 바스티유의 습격은 1994년 1월 13일에 발생했으며 이때 부통령 고어(Al Gore)는 새로운 정보고속도로(data highway)를 착공했다. 그는 최초로 쌍방향 컴퓨터망 뉴스 회의를 열었다. 모든 것이 원활하게 진행되었다. 〈뉴욕 타임스〉지의 루이스(Peter H. Lewis) 표현대로 부통령은 백악관으로 줄줄이 떼지어 들어오는 통신망 탄원자들에게 과학기술에 대한 복음을 설파할 수 있었고, 모든 이들은 정보고속도로(Information superhighway)라 알려져 있는──이를 인포웨이(Infoway), I-웨이(I-way), 또는 인포반(Infobahn)이라고도 한다──「전세계 정보기반」이 곧 우리 삶의 필수적인 부분이 되리라는 확신을 가지고 집으로 돌아갔다(또는 접속을 해제했다).[3]

그 사건을 찍은 AP 통신의 사진에서 고어의 모범적인 태도 외에도 내 주의를 끌었던 첫번째 것은 배경의 역할을 하고 있는 거대한 지구 사진이었다. 이 이미지가 너무나도 강렬한데다가 움직

이고 있는 부통령의 사진이 지나치게 가까이 찍혀 있어서 고어
와 그의 컴퓨터는 1968년에 나온 컬트 영화 〈사일런트 러닝(Silent
Running)〉[4]에서의 던(Bruce Dern)과 그의 전자 휴먼쿨러스
(electronic humunculus)처럼 심연의 공간 속으로 표류하는 것처
럼 보였다. 그것이 상징하는 바는 분명했다. 바로 여기에서 전세
계적인, 아니 우주적인 중요성을 갖는 사건이 일어나고 있는 것이
다.

누가 반박할 수 있는가? 매일 정보고속도로의 포효 또는 웅웅
거리는 소리가 점점 커지고 있었다. 1992년 이래 정보고속도로에
대한 뉴스기사의 수가 2,000% 이상 증가했으며 거의 모든 내용
이 재선 캠페인이나 국가 위기상황일 때 들을 수 있는 긍정적이고
진취적이며 전진적인 그런 식의 미사여구로 가득 채워졌다.[5] 또
한 미국 내의 서점에는 컴퓨터망에 접속해 들어가는 것은 실제로
일종의 「변환」이며 통신망을 통한 커뮤니케이션도 「참여」의 일종
이라는 전문가의 주장을 담은 책들이 쏟아져 나왔다. 전문가들은
정보에 대한 보편적인 접근은 약자에게 힘을 부여하여 세계의 폭
군들을 무력하게 만들 것이며, 디지털 커뮤니케이션이 이룩한 기
적들 덕분에 유순한 자들이 마침내 지구를 이어받게 될 것이라고
주장했다.

『정보가 부족한 사람들에게 복이 있나니 보편적인 서비스를 받
게 될 것이다』라는 문구가 〈뉴욕 타임스〉지 기사에 이탤릭체로
실렸다.[6]

분명코 여기에는 반드시 짚어보아야 할 현상, 즉 우리가 미국의
정신과 동일시하도록 배워 왔던 은유에 흠뻑 젖은 현상이 있었다.
열린 길, 새로운 개척자, 주인 없는 황무지, 첨단 과학기술이 제

공하는 놀라운 신비──이 모든 것이 있는 그대로 신이 보내주는 온화한 빛으로 채색되었다. 정보고속도로는 인류를 위한 새시대의 새벽이라고 했다. 이는 인간의 정신을 고양시켜 주고 사회 문제들을 해결해 줄 하나의 경이요, 기적이었다. 그러는 동안에 부통령은 정보고속도로가 좋든 싫든 따뜻한 인정으로 우리 모두를 감싸줄 것이며, 경제 성장을 촉진시키고 민주주의를 육성하며, 전세계 사람들을 연결시켜 줄 것이라고 확언하였던 것이다. 하나의 세계, 하나의 사랑이었던 것이다. [7]

괜한 트집을 잡는 것 같지만, 나는 정확히 우리가 어떤 방법으로 그러한 기적을 달성하게 될지 궁금했다. 내가 변화를 추구하는 부통령의 비전에 대한 열정을 갖지 않았던 것은 아니었다. 하지만, 내게는 모든 것이 허공에 성을 지은 다음 그 밑에 기반을 다져넣는 것처럼 허무해 보였다. 내게는 부통령의 미사여구와 제 3세계의 현실 사이에 존재하는 간격이 애리조나 북서부에 있는 깊은 협곡처럼 깊게 느껴졌다.

르완다의 모든 가정에 컴퓨터를 설치한다고 해서 어떻게 그것이 학살을 막거나 빈곤을 더는 데 도움이 될 것인가? 하는 의구심이 생겼다. 혹자는 자유선거나 자유언론의 수립과 같은 그런 서구의 진보된 체제로 나아가는 데 필요한 전제조건들이라고 생각할 수도 있을 것이다. [8] 그러나 정보고속도로에 대한 접근이 붉은 크메르 (캄보디아의 공산계 혁명 세력)와 루미노소(Sendero Luminoso) 를 온화하게 만들까? 그리고 누가 전제군주들과 억압받는 국민들에게──그들 대다수가 문맹이고 처참한 기아상태인데──구원의 수단을 줄 것인가? 엘 고어인가? 빌 게이츠인가?

나는 정보고속도로에 관한 주장들이 자동차, 전화, TV에 대해서도 마찬가지로 있었다는 사실을 상기했다. 그 주장들이 적중했는가? 한 예로, 불법거주자들이 모여살던 멕시코 시의 임시 오두막 지붕은 양철 파이프나 주워모은 잡동사니에 부착해 놓은 TV 안테나로 어지러웠다. 그러나 그러한 사실 때문에 그 당시 영향력을 행사하고 있던 국제 혁명당(PRI)이 멕시코 정치에 대해 가하고 있던 압박을 포기하지는 않았다. 또한 그 지역의 공직자 타락이라든가 언론에 대한 국가의 통제, 정부에 의해 조작되는 거짓 야당들의 존재 등을 막는 데 별 도움이 되지 않았다. 대신 불완전 고용, 빈곤, 영양 결핍, 문맹 등이 극적으로 증가했다. 매체를 통해서 보여주는 환상적인 세계의 경이로움들에도 불구하고 수백만의 사람들에게는 상수도가 꿈으로 남았다.

왜 그런가? 왜 억압받는 대중들이 전지구적 정보망에의 접근을 통해 계몽되어 대표제 정부를 요구하며 거리로 뛰어나오지 않았는가? 그것은 미스터리였다. 내 생각에는 냄새나는 하수구 옆을 달리는 광섬유 케이블이 민주주의의 새로운 선구자로서 TV 안테나를 대체한다 해도 여전히 풀리지 않을 그런 미스터리였다.[9]

그러나 이러한 것은 과학기술의 이상주의라는 오래된 미국의 전통——이는 한때 우리가 기관차를 신의 의지의 대리자로 받아들이게 했다——에 반대하는 것이다. 정보고속도로 밖의 이러한 종류의 우려는 교통이 혼잡한 곳에 서 있는 아르마딜로(남미산의 야행성 포유동물)와 같은 것이었다.[10] 다시 미국의 아침이 오고 있었으므로 반대자나 「우울한 충돌들」(내 아들의 유치원 교사는 이렇게 표현하곤 했다)은 거론될 필요가 없다.

고속도로의 환상적인 에너지가 일단 한번 분출되자 이 나라는 저절로 움직이기 시작했다. 여기서 졸지에 우주선 엔터프라이즈

호의 선장인 커크와 그 승무원들은 과거에 그 누구도 가본 적이 없는 곳으로 대담하게 가고 있었다. 우리가 수년간 TV로 보아왔던 씩씩한 젊은 남자들과 혼기가 찬 젊은 여자들이 고속도로를 질주해 내려가거나 자동차를 어루만지고 있다. 그뿐 아니라 모든 것을 감수하리라 결심한 고독한 남자가 무스탕(네발 달린 것이든 포드든 간에 그것은 문제가 되지 않는다)을 타고 국가의 미래를 향해 나아가고 있다. 디지털 개방 도로에서 새로운 66번 도로 아래쪽은 미국에서 가장 좋은 모든 것들이 새롭고 화려한 모습을 갖춰 가고 있었다.

혹은 그리 새롭지 않을 수도 있다. 공간과 자유에 대한 모든 논의에서 분명히 알 수 있었듯이, 여기서 우리가 마주친 것은 천국으로 향하는 고속도로가 아니라 미국의 개척지—— 전자분야 연구재단(Electronic Frontier Foundation)의 공동 설립자들이 설명한 대로라면「무한한」그리고「영구한 개척지」—— 의 두번째 도래였다. 이 새로운 영토는 옛날의 그것과 마찬가지로 사람들에게 다시 새로운 기회를 줄 것이다. 그리고 또다시 이는 사람들이 자신들의 과거를 버릴 수 있도록 해줄 것이며, 제 마음대로 나타났다 사라졌다 할 수 있도록 해줄 것이다. [11] 그리고 구세대의 개척자들과는 달리 이 새로운 세대의 컴퓨터 카우보이들은 새로운 세계를 탐험하고 디지털 황무지 밖의 자신들의 공동체를 진부한 것으로 만들 것이다. [12]

실제로 우리를 가로막을 태평양도 없고 피폐해질 토지도 없고 문명화시킬 토착문화도 없는 이 새롭고 진보된 형태의 대초원은 곳곳에 상당량 널려 있으리라. 「대지」는 영원히 지속될 것이다. 민주적 성향을 가지고, 생각이 같은 영토들끼리 그들이 원할 때

원하는 방식으로 형성되었다가 더이상 그 모임이 필요치 않아지면 해체될 것이며, 물리적 존재의 위험과 책임 없이 우리는 모두 독특하고 두려움 없으며 생각이 자유로운 사람들의 나라로 번영할 것이다. 비물질적인 공간에 의해 발톱과 송곳니를 뽑힌 채 우리는 마침내 새로운 가나안을 이룩할 것이다. [13)]

나는 이것을 좀 다르게 보았다. 상징과 미사여구의 잡동사니 아래에서 나는 과학기술이 우리가 남긴 얼마 되지 않는 개인주의를 부식시킬 힘을 가지고 있음을 발견했다. 저 밖 디지털 개척지대에서 우리를 기다리고 있을 것으로 추정되는 다양성의 눈부신 개화 대신 나는 거대한 단조로움을 감추는 명목상의 노력만을 보았다. [14)] 다른 사람들이 미국의 전망을 본 곳에서 나는 일치에 대한 엄청난 힘 —— 즉, 「다수로서 하나를 이룬다(미국의 건국이념)」의 어두운 측면을 보았다. 내게는 고속도로가 디지털 미래에서 우리를 기다리고 있는 자유와 자기 표현에 대한 상징이라기보다는 오히려 우리가 현재 이미 성취한 동질성에 대한 상징처럼 느껴졌다.

정보고속도로가 어떻게 우리의 삶을 바꿀 것인가? 먼저 실제의 고속도로가 우리를 어떻게 변화시켰는지를 묻는 것이 논리적인 것 같았다. 흥미롭게도 내 관심은 고어(Gore)의 가족에게로 모아졌다.

고어의 부친도 역시 고속도로를 건설했던 것으로 밝혀졌다. 1950년대로 거슬러 올라가서 국내 고속도로 체계를 만들었던 주요 건축가들 중 한 명으로, 그는 미국의 구불구불한 시골길들을 고속도로로 대체하는 것을 도왔다. 어떤 의미에서 그는 나라의 대역폭을 확장한 것이었다. 새로운 도로들은 더 많은 교통량을 보다 효율적으로, 보다 빠른 속도로 운반하였다. 만일 그 도로들이 그 사이에 있는 모든 것들——지방 주민들의 얼굴들, 풍경의 윤곽, 그 지역 특유의 세세한 일상생활들——을 희미하게 지워 버렸다면, 그건 바로 동물의 속성이었다. 질보다는 양, 내용보다는 속도를 우선하는.

아버지에서 아들, 실제 고속도로에서 인포반(Inforbahn)으로의 유사성이 교훈을 던져 주는 듯했다.

앨 고어 주니어는 가상의 길로 부친의 뒤를 따르고 있었던 것임이 분명했다. 정보고속도로 개통이라는 그의 기여 또한 점점 더 넓어지고 점점 더 효율적이 되어 가고 있었다. 또한——최초의 고속도로 개통과 마찬가지로——보다 많은 것들을 보다 빠르게 운반할 것이었다. 또한 여전히 네트 외부에 있는——또 너무나도 무지해서 네트가 내포하고 있는 결점을 파악하지 못하는——모든 이들을 국가의 거대한 상용 웹에 연결시켜서 민주주의에 이익이 되게 할 것이었다. 그 뒤 부친의 고속도로들이 장소의 많은 특징들을 지워버렸던 것과 똑같이 앨 고어 주니어의 정보고속도로도 물질적인 세계를 모두 다 대체함으로써——즉, 여행을 커뮤니케이션으로, 물리적 공간을 은유로 추상화함으로써——그 과정을 완성시킬 것이었다. [15)]

부전자전이라 했던가, 우리가 그 과정에서 초래했던 손실들이 없었더라면 나는 이런 모든 변천을 감동적이라고 생각했을 것이다. 그러나 우리는 많은 손실을 입었고 게다가 그 손실들은 아직도 계속되고 있다.

아버지의 고속도로가 지역 문화의 특색 있는 색상과 언어를 추하게 여기저기 편재해 있는 공동의 좁고 긴 땅으로 대체하면서 미국의 풍경을 동질화시키는 데 이바지했던 것과 마찬가지로 그의 아들이 만들고 있는 정보고속도로는 여러 종류의 지역주의 —— 종족과 성과 연령과 견해의 지역주의 —— 를 없앨 것이다. 흐리 멍텅하고 무개성한 네트 영혼을 위해 모든 상이한 점들을 지움으로써 우리를 훨씬 더 특색 없는 존재로 만들어 놓을 것이다. 그렇게 해서 우리는 동질화되고 또 가장자리가 둥글고 부드러워져서 독재적 통제의 못박이 판에 보다 쉽게 맞춰질 것이다.

내가 불공평한건가 하고 스스로 자문해 보았다. 내가 아무 이유 없이 오웰의 붓으로 정보고속도로를 비난하고 있었는가? 36살이라는 적지 않은 나이에도 불구하고 나는 앞으로 전개될 많은 기적들을 감상할 줄 모르는, 시대에 뒤떨어진 자유주의자였단 말인가?

이런 불확실한 느낌 속을 헤매고 있을 때 새로운 품종의 대담하고 변명을 모르는 디제라티들 —— 새롭고 보다 폭로적인 은유를 품고 있는 —— 이 나를 도우러 달려왔다. 솔직하고 직접적이며 또 자기표현과 자유에 대해 오래된 거짓말들로 사람들을 달래는 데에는 관심이 없는 그들은 내 모든 의구심들을 빠르고 효과적으로 풀어 주었다.

개방 도로에 대한 그 모든 허튼 소리들은 잊어버려라 하고 그들은 말했다. I-웨이에서의 개인주의와 권한위임 등에 대한 것, 가상의 큰 중심가에 위치한 상점들과 안락한 공동 사회들에 대한 그 모든 이야기들은 잊어버려라. 새로운 개척지에 있는 레인저 (Lone Ranger, 미국 서부극의 주인공)에 대해서 잊어버려라. 새로운 시대에서는 개인주의에 대한 신화조차도 살아남지 못할 것이며 존재하는 유일한 공동체는 벌집 공동체가 될 것이다.

사이버리스트들이 그리는 비전의 심장부 —— 사이버리스트들의
진정한 비전 —— 에서는 디지털 벌집이 윙윙거린다. 그것이 무엇
인가? 그것은 디지털 초상화 뒤에 숨어있는 진짜 모습, 즉 디지
털 혁명이 완수된 후 인간사회는 어떤 형태가 될 것인가(그리고
어떻게 되어야 하는가)에 대한 지적이고 구세주적이며 굉장히 실
제적인 예측이다. 「대중은 아름답다」, 「집단의 미덕은 개인에 우
선한다」 등에 대한 열정적인 논쟁 또한 우리가 막연하게나마 ——
상당한 시간이 지난 후에 나타나게 될 —— 인문주의적 가치관이
라 부르는 것에 대한 아찔한 공격 중 하나이다.

사이버리스트들의 자칭 「여러분이 직면하고 있는 전망」이라는
것이 흥미롭지 않다는 것은 아니다. 실제로 흥미로울 수도 있다.
사실 때때로 그런 전망은 1970년대 폴 포트의 격언들이나 《마인캄
프(나의 투쟁)》에서의 히틀러의 기념할 만한 선언들만큼이나 재
미있다.

그 가장 적나라한 본질로 내려가면 디지털 벌집이라는 은유는
인간이 오늘날 우리가 알고 있는 개인주의 —— 어떤 경우든 환상
이라고 우리는 확신한다 —— 가 가까운 장래에는 존재하지 않게
되는 정도로 개개인을 모두 배선으로 연결시키는 데 성공하게 될
것이라고 주장한다. 무엇이 그 자리를 대신 차지할 것인가? 바로
네트이다. 이는 분명한 형태를 가지고 있으며 「전세계적 정신」이
라는 매개를 통해 인식이 가능하며 우리의 집단적 정체성이라는
위대한 진리의 발현이라 할 수 있다.

「대중의 동일한 본성」에 흡수되어 우리는 재빨리 그리고 흔쾌
히 우리의 의지, 우리의 지성을 벌집의 영광에 넘겨 버릴 것이다.
벌집은 본분을 다 할 것이다. 도무지 알 수 없는, 신과 같은 「세

계적 초유기체」인 그것은 「우리 자신이 하이킹을 갔다가 물집이 생겼을 때 죽는 많은 세포들에 대해 별생각을 갖지 않듯 우리의 개인적 운명에 대해 고려하지 않을 것이다.」[16]

세계적인 초유기체의 일부가 된다는 것은 무슨 의미일까? 벌집처럼 된 세계는 어떤 모습을 갖게 될까? 공상가들에 따르면 우리가 알고 있거나 꿈꾸어 온 그 어떤 것과도 같지 않다고 한다. 인류가 인간 벌떼로 전이되어 감에 따라 상황은 개인 또는 집단이 통제할 수 없을 만큼 빠르게 진행될 것이다. 삶은 「혼돈스럽고」, 「분별없으며」 완전히 「무질서한」 상태가 될 것이다.

소름끼치는 생각인가? 이러한 정의는 열광자들과, 그리고 신시대의 초기 과학기술적 유심론을 인정하지 못하는 이들을 통제하기 위해서라고 디제라티는 주장한다. 여러분도 알겠지만 벌집은 우리를 돌보아 줄 것이다. 무엇이 최상인지를 알고 있을 것이다. 「지극히 사회적이고 많은 영혼들로 이루어진」 그것은 그 구성 부분들 중 그 어떤 것도 가지지 못하는 지능을 소유할 것이다. 그리고 진짜 벌집처럼 언제 알을 낳을 것이고 언제 이동을 할 것인지를 전체로서 결정할 것이다. [17]

그러면 우리는 어떻게 되는가? 새로운 수펄들이 되는가? 무지하고 온순하며 벌집의 「보이지 않는 손」에 의해 지배를 받으면서 순종의 기쁨 속에 사라질 것이다. 농장 물웅덩이의 물고기나 날고 있는 박쥐들(사이버리스트들의 은유이지, 내 은유가 아님)의 수준으로 격하되어 우리는 대중, 즉 벌집이 우리의 길을 인도하도록 내버려둘 것이다. 『우리 자신을 벌집 같은 형태의 네트워크에 연결시킴에 따라 우리는 네트워크 속의 단순한 뉴런들이 될 것이다. 그리고 일개 뉴런에 불과한 우리는 예상할 수도, 이해할

수도, 통제할 수도, 심지어는 감지할 수도 없는 많은 것들이 출현
할 것이다』라고 켈리가 말한다. 『그러나 이것은 출현하고 있는
모든 벌집 영혼에 대한 대가이다. 집단적인 벌집 영혼이 우리의
작은 벌의 영혼들을 초월하는 수준을 고려한다면 우리가 기대할
수 있는 통제의 종류는 과연 어떤 것이겠는가?』라고 그는 덧붙인
다. [18]

사실, 이런 주장은 벌떼에 합류하지 않는 이들에게 큰 효과를
발휘할 수 있다. 이중『그 어떤 부분이 무엇과 관련이 있다는 것
인가?』라고 우리는 질문할 수도 있다. 그리고 날개가 넷 달린,
쏘는 곤충이 아닌 남자와 여자로서의 우리가 디지털 벌집이라는
말도 안되는 얘기에 왜 관심을 기울여야 하는가? 벌집은 디제라
티의 마음 속에서 계속 윙윙거리게 내버려두고 왜 우리는 우리의
일이나 신경쓰지 않는가? 왜 보이지 않는 손(Invisible Hand)이
그 보이지 않는 손가락들을 두드리게 내버려두지 않고 웰스의 모
록(morlock)이나 우주선 엔터프라이즈호의 운명을 걱정하는가?
이런 질문들에 대한 답은 —— 처음에는 받아들이기가 어렵다
—— 매우 분명하다. 그 이유는 보이지 않는 손이 얼마 지나지 않
은 과거에 독재 정권이 사용했던 힘만큼 부조리(또는 신비)하기
때문이며, 디지털 벌집은 디지털 특권 계급의 마음 속에서만 윙윙
거리는 것이 아니기 때문이다. 디제라티와는 달리, 웰스와 스타
트랙의 저자들은 연민, 지성, 인내 같은 인간의 미덕의 본능적 가
치를 주장하기 위해 공상과학소설이라는 도구를 사용했기 때문이
다. 그리고 마지막으로 대부분의 괴상한 것들 —— 제3제국(히틀
러 치하의 독일)이라든가 프롤레타리아의 천국 —— 과 마찬가지

로 세계적인 초유기체라는 매우 정교한 은유는 이성적인 전제들과 확고한 사실이라는 튼튼한 기반에 그 근거를 두기 때문이다.

한 가지 예로, 디제라티는 인간이 진공상태에서 따로따로 존재하는 것은 아니라고 지적한다. 모든 살아있는 유기체들과 마찬가지로 인간은 상호보완적인 관계를 바탕으로 한 거미줄의 일부이다. 이말은 합리적이고 타당하다. 지금까지는 그럭저럭 괜찮다. 그러나 디제라티는 이런 생물학적인 뻔한 이야기를 사상적 원동력으로 사용하면서 새로운 생물학적 논리를 내세운다. 그리고 그 속으로 스스로(그리고, 우리)를 적용시킨다. 그들은 우리의 상호의존성이 우리가 거주하고 있는 생물군과는 관계가 없다고 폭로한다. 그들에게 있어 상호의존성은 개인적 정체성이 새빨간 거짓말이라는 것을 폭로하는 한에서만 흥미롭다.

『한사람에 대해, 하나의 벌집에 대해, 한 단체에 대해, 한 동물에 대해, 한 국가에 대해, 그 어떤 살아있는 것에 대해도「나」라는 것은 존재하지 않는다』라고 켈리는 단호한 어조로 말한다. 사실『삶이 분산되어져서 만들어진, 외관상 분명한 개인들이란 환상이다』── 분류학적으로 오류이다. 그렇다면 무엇이 진짜인가? 하고 우리는 물을 수 있다.

집단, 벌집, 우두머리 없는 무리…. MIT의 컴퓨터 천재 민스키(Martin Minsky)가 설명하는 대로라면 바보 같은 부분들로 만들어진 똑똑한 전체이다. 뛰어나고 통제가 불가능하며 나름대로의 독특한 지각 능력이 있는 이 거대한 유기체── 스톡(Gregory Stock)은 이를 의인화하여 메타맨이라 부른다── 는 우리를 호모 사피엔스를 넘어서 인간 진화의 그 다음 위대한 단계로 데리고 갈 것이다. [19]

이에는 비용이라는 사소한 문제만 남아 있다. 인간 진화의 위대한 단계들은 저렴하지는 않은 것 같다. 그렇다면 현재 출현하고 있는 벌집 영혼에 달려 있는 가격표에는 얼마가 적혀 있을까? 맞았다. 무한한 수의 수벌들이 그것이다. 스톡은 때때로 메타맨의 보급에 고통스러운 사회적 충격과 개인적인 비극이 뒤따른다는 것은 유감스러우나 피할 수 없는 사실이라고 지적한다. 지불해야 하는 대가가 상당하다구? 전혀 그렇지 않다고 스톡은 말한다. 그는 모든 특정한 시대의 격변들은 인간 여행의 한 단계에 불과하며, 또한 우리는 개인적인 비극은 우리가 후기 개인주의적 세계로 빠르게 진입해 감에 따라 그 중요성이 점차 적어지게 될 것임을 기억해야 한다고 말하고 있다.

다시 말해서 디지털 미래에서 인간 벌집은 진짜 벌집만큼이나 수벌들의 죽음을 슬퍼하지 않을 것이다. 벌떼에 속하지 않은 이들은 잠시 슬픔을 느낄 수도 있겠지만, 그들은 보다 넓은 시각을 가지고 문명은 곧 원상으로 복귀되는 힘이 있다는 것 —— 역사의 불행한 사건들(스톡은 흑사병, 세계적인 인플루엔자 유행과 2차례의 세계대전을 언급한다)조차 각각 몇 세대 지나지 않아서 인류의 집단적 기억으로부터 희미해져 갔다는 사실 —— 을 기억함으로써 그런 쓸데없는 감상으로부터 벗어나야만 할 것이다. [20]

우리가 디제라티의 말을 믿는다면 전염병이나 전쟁에 대한 야단법석은 모두 과거의 일이 될 것이다. 『메타맨이 개인들이라기보다는 상호작용하는 조직체들로 구성된 하나의 창조물이 되어감에 따라 인간의 활동은 점점 더 우리의 자연적인 감정 이입의 범위를 넘어서게 될 것이며 인간의 가치관은 초유기체가 창조하고 있는 인간 환경의 새로운 현실들에 맞춰 조절되어야만 할 것이다』라고 스톡은 설명한다.²¹⁾ 조절되어진 후 우리는 전체라는 것의 초월적인 영광과 안녕에 희생해야 할 필요성을 이해하게 될 것임이 분명하다.

감정이입에 대한 오늘날의 기준으로 판단할 때, 이 새로운 현실들은 좋게 보이지 않을 것이므로 우리가 새로운 현실에 맞춰 조절된다는 것은 오히려 다행한 일이다.

『메타맨 탄생의 고통은 아프리카, 아시아, 남아메리카 일부 지역의 특정 문화와 사람들(구체적으로 어떤 것들인지에 대해서는 신경쓰지 말라)을 황폐화시킬 수도 있다』라고 스톡은 지적한다. 현대 과학기술의 도래에 발목을 잡힌 그들은 그에 맞춰 조절하든가 아니면 파멸할 것이다. 그러는 동안에 인구과잉 같은 세계적인 문제들은 재빨리 그리고 효과적으로 해결될 것이다. 어떻게? 스톡은 그에 대해 확실한 대답을 하지는 않는다. 어쨌든 기차는 제 시간에 운행될 것이라고 한다. 결국 메타맨은 기략이 풍부한 신이다. 어쩌면 그는 인구의 많은 부분들을 불임으로 만들 전염성 독감 같은 것 —— 오늘날의 오스트레일리아 토끼 바이러스 —— 을 개발할지도 모른다.²²⁾ 인구의 어떤 부분들인가? 스톡은 말하지 않는다. 네트의 전지전능한 지혜를 의문시한다는 것은 새로운 정치 체계에서 하나의 세포에 불과한 그로서는 옳은 태도가 아니기 때문이다.

이 정도면 충분했는가? 미안하지만 그렇지 못하다. 벌집은 개인에 대한 모든 신화를 파괴할 뿐만 아니라(우리는 그것이 처음부터 존재하지 않았다고 기억하게 될 것이다), 인류의 행복과 삶이라 부르는 비기계적인 것들에 대한 강조나 감상으로부터 우리를 떼어놓을 것이라고 켈리는 말한다.

살아 있는 것들이 현재 과대평가되고 있다고 그는 설명한다. 집 근처의 바람 부는 산마루를 걸어 올라가면서 사슴이 부드러운 풀로 쿠션을 삼고 있는 곳을 알아내고 짓밟혀진 야생화 줄기들을 항목별로 나누며 ——『루핀, 엉겅퀴, 용담속…』—— 그것이 원하는 모든 것임을 발견한다. 『나는 감동을 받을 것이다』라고 그는 적고 있다.

『그러나 200만 개의 풀들과 수천 개의 향나무 관목들 사이에 앉아 있을 때 나에게 충격을 던져 주는 것은 지구에서의 삶이 그 얼마나 유사한가 하는 점이다.』『삶은 우리를 속일 수 없다』라고 그는 말한다. 『서로 다른 상표를 붙이고 있지만 모두 동일한 식료품업체에서 제조된 캔제품들처럼 삶도 모두 똑같다.』삶을 망으로 연결된 어떤 것 —— 즉, 분포된 존재로 간주하는 이러한 전망은 정말로 그를 깊이 감동시킨다. 『너와 나, 우리는 같은 피를 나누었다』라고 그는 시인 모글리(Mowgli)를 인용하면서 그렇게 찬양한다. 『개미, 너와 나, 우리는 같은 피를 나누었다. 티라노사우러스, 너와 나, 우리는 같은 피를 나누었다. 에이즈 바이러스, 너와 나, 우리는 같은 피를 나누었다…』그러나 여러분은 이해했으리라.

켈리는 문명의 품으로 되돌아가 황무지에서의 체류를 회상하면서 놀랄 만큼 수많은 결론에 이른다. 삶은『빈 용기들을 채우고 나서 더 많은 것들을 채우기 위해 흘러나오는 형태가 변하는 홍수이다. 그 홍수에 의해 채워지는 용기들의 모양과 수는 달라지지 않는다』라는 것을 그는 깨닫는다. 그는 영국의 발명가이자 대기화학자인 러브록(James Lovelock)의 말을 인용하면서 결론을 짓는다. 『삶은 영원히 사라지지 않는 지구적 현상이며 그 차이를 이 위대한 전망보다 더 작은 어떤 것으로 좁히려는 시도는 자기 기만일 뿐이다.』

트웨인(Mark Twain)의 말대로 남자, 여자, 가족, 나라, 인류 전체는 어떻게 되는가? 그런 것들에는 전혀 신경쓰지 말라고 켈리는 말한다. 『급진적인 환경론자들의 미사여구에도 불구하고 지구에서 삶이라는 홍수를 씻어 내는 것은 인간의 힘으로는 불가능하다. 단순한 핵폭탄은 일반적으로 삶을 중단시키는 데는 별 영향을 미치지 못하겠지만, 인간 외의 형태들을 증가시킬 수는 있다』고 그는 우리에게 확언한다. 어떤 것들을 말하는가? 저 바위들은 어떠한가? 『바위들도 또한 생명체의 한 형태이다. 아주 느린, 그러나 분명한 생명체이다』라고 그는 주장한다. 23)

우리는 이 모든 것으로부터 —— 바위와 바퀴벌레들에게 안전하게 만들어진 미래로부터 —— 우리가 현재 살고 있는 세계를 닮은 것으로 어떻게 되돌아가는가? 만일 그런 것이 있다면 그것이 오늘날의 우리와 어떤 관계를 가지는가? 〈와이어드〉지 —— 켈리의 저서에서 「1990년대의 가장 뜨겁고 가장 정통한 잡지. 디지털 문화와 컴퓨터 공상가들의 전문지」로 묘사됨 —— 의 편집장인 켈리가 단지 터무니없는 기사들이 잡지와 책을 잘 팔리도록 한다는 이유 때문에 말도 안되는 얘기를 하고 있는 것은 아니다, 그의 의견은 나름대로 일리가 있다라는 가정은 왜 잘못된 것일까?

나는 디제라티의 협곡을 헤쳐 나가면서 이런 질문들을 수없이 자문해 보았다. 그러나 내가 더 많은 것들을 읽을수록 더 분명하게 깨닫게 된 것은 그 첫번째가 벌집이라는 개념에는 우리가 생각하는 것 이상의 것이 존재한다는 것이며, 그 두번째는 만일 그런 것이 존재하지 않는다 해도 크게 문제가 되지는 않으리라는 것이었다. 그 이유는? 벌집에 있어서 중요한 것은 그것이 예측하는 신세계가 촉박해 있다는 점이 아니라, 그것을 갈망하는 이들의 감성에 있기 때문이다. 세계적인 초유기체라는 개념이 환상일 뿐 아무것도 아니라고 해도 우리는 그것을 현실화시키려 하는 이들을 주목해야 할 것이다.

그러나 그것은 환상이 아니다. 우리는 점점 더 선으로 연결되고 있으며 이해하기 어려운 방식으로 경제적으로나 감정적으로 우리의 동료들에 묶이고 있다. 또 버튼 하나로 방글라데시나 사하라 사막 이남의 아프리카로부터 「생중계」를 제공해 주는 전세계적인 정보틀 속에 밀어 넣어진 채, 어떤 집단적인 상태를 향해 나아가고 있는 듯하다.

스톡이 지적한 대로 이미 우리의 과학기술은 통신 고리들과 교환 시스템들로 이루어진 촘촘한 네트워크로 우리를 속박해 왔다. 우리는 그것을 의식하지 못한 채 파이프와 케이블 위를, 비행기 복도와 방송위성 아래를, 라디오와 TV 전송파 사이를 걷고 있다. 만일 모든 통신이 눈에 띄는 실 같은 꼬리를 남긴다면 곧 모든 사물과 모든 사람들은 촘촘히 엉킨 실타래 같은 상태에 놓일 것이다. 과학기술의 거미줄에 모두 함께 끌어 당겨지면서 우리는 이전의 개별적인 본성 —— 국부적으로 정의되고 제자리에 뿌리박힌 —— 을 벗어나서 전세계적인 규모의 공동 집단 자아를 향해 「진화」해 가고 있다고 스톡은 주장한다. [24] 은유를 조금 풀고 약간 의역을 하면 여러분은 그가 옳다는 것을 알게 될 것이다.

사실 개별 행동의 영역이 점점 작아지고 어제의 집단적 행사 —— 구기 경기라든가 농산물 경진대회 —— 들이 국가적인, 그리고 심지어는 세계적인 차원으로 커짐에 따라(주말 밤에는 미국인

구의 절반 가량이 TV를 시청하고 있다고 통계학자들은 말한다)
전세계적인 유기체, 수억 대의 상호 연결된 컴퓨터들로 이루어진
인간 벌집이라는 사이버리스트들의 개념은 점점 더 타당한 것으로
생각되게 된다.

　오늘날에도 이미 『수치화될 수 있는 모든 사실들은 그렇게 수치
화되고 있다. 망을 통해 운반되어질 수 있는 모든 집단적 인간 활
동이 그렇게 망을 통해 운반되고 있다. 숫자로 변형되어 선을 통
해 송신될 수 있는 개인의 삶의 모든 흔적들이 또 그렇게 되고 있
다』[25]라고 켈리는 지적한다. 이미 인간 공동체는 시장과 매체 정
보의 흐름이 가리키는 대로 움직이고 또 모여든다.

　여러분은 인간 벌집이 무해한 추상적 개념이라고 생각하는가 ?
다시 한번 생각해 보라. 우린 이미 그곳에 반은 다가섰다.

　이제 문제는 우리가 스스로를 벌집 같은 망 속에 연결시키고 있
는가의 여부가 아니라 —— 우리는 벌써 그렇게 하고 있다 —— 그
것이 좋은 일인지 그렇지 못한지의 여부이다.

　디제라티는 분명 훌륭한 일이라고 생각한다. 『메타맨은 번영하
고 있고 우리는 미래로 진군하는 그의 「가차없는 행진」을 돕기 위
해 우리가 맡은 바를 해야 한다』고 스톡은 노래한다. [26]

　나는 오히려 적절한 장애물을 설치하고 싶다. 나는 왜 이렇게
말하는가 ? 우리가 지금껏 겪어 온 최악의 모든 것들 —— 몽고의
침략 등 —— 이 우리가 집단으로서 겪어 온 것들이기 때문이다.
또한, 하나의 개념으로서 인간 벌집은 이러한 집단 정신병의 커다
란 반대 세력, 즉 다시 말해 타인에 대해 연민, 충절, 사랑 등을
느낄 수 있는 개인의 능력을 파괴하려 하기 때문이다.

내 생각에는 우리가 가지고 있는 사악함에도 불구하고 모든 희망은 남성이나 여성들 개개인에게 있다. 그 사람이 바로 시작이요, 끝이다. 한 사람이 또다른 사람에 대해 느낄 수 있는 사랑에서부터 보다 큰 형태의 모든 사랑——예를 들어 인류애——이 출발한다. 반면에 디제라티는 개인들을 경멸하고 불신한다. 혐오한다. 이는 그들이 대중의 의지에 따라 개인을 희생할, 또는 그 개인을 보다 나은 어떤 것으로 대체할 준비가 되어 있기 때문이다. 아마도 오메가 맨(Omega Man)이나 스톡의 호모 콤보티커스(Homo comboticus, 컴퓨터 로봇)가 그 대체물이 될 것이다.

『그럴듯한 미사여구나 감상적 허풍을 떨지 않는 보통의 인간을 상상해보라. 그러면 여러분은 그가 별볼일 없다는 것을 알게 될 것이다』라고 디제라티는 주장할 것이다. MIT의 매즈리쉬 교수는 『인간이라는 것은 주로 자기혐오(매즈리쉬는 눈썹을 뽑고 면도를 하고 또 머리를 자름으로써 우리 자신을 새롭고 인공적인 창조물로 만들고자 하는 우리의 욕구가 모두 자기혐오에서 비롯된 것이라고 말한다), 같은 종에 속한 다른 구성원들에 고통을 가함으로써 기쁨을 얻는 본성, 그리고 죽음에 대한 두려움 정도 밖에는 주목할 가치가 없는 두발 달린 포유동물 또는 기계에 불과하지 않은가? 왜 더 잘하지 않는가?』라고 묻는다.

그의 이런 평가나 솔직함이 특이한 것인가? 전혀 그렇지 않다. 내 생각에는 『인간이란 모든 동물들 가운데 가장 추악하고 가장 파괴적인 존재이다』라는 몇 년 전에 과학기술 전도사 맥쿨로치(Warren McCulloch)가 한 말이 인용될 수 있을 것 같다. 『만일 자기 자신보다 더 많은 재미를 줄 수 있는 기계를 발전시킬 수 있다면 기꺼이 그 기계들이 우리를 인계해서 노예화시키지 말아야

할 이유는 전혀 없다』고 그는 덧붙였다. [27]

이러한 반감과 자기증오는 사이버리스트들의 개혁 정신과 결합되었을 때 문제를 야기한다. 디제라티는 우리 자신들을 믹서처럼 갈아 뒤섞어서 구별이 불가능한 하나의 집단으로 만드는 것에 대해 찬가를 노래하는 한편, 다른 편에서는 자신들이 버튼을 누르는 자가 되기를 원한다.

이는 공평하지 못한 것 같다. 우리가 모두 함께 벌집의 상태로 뛰어 올라야 하는 것과 켈리와 그 동료들이 우리에게 자신들이 지켜보는 가운데 그런 상태로 뛰어 오르라고 말하는 것은 아주 다른 문제이다.

그래도 그것이 정확한 진상인 듯하다. 실제 컴퓨터 혁명의 시작과 연관된 한 인용문에서 브랜드는 다음과 같은 글을 썼다.『우리는 신으로서 존재하므로 그에 능숙해지는 편이 낫다.』이는 20년이 지난 후인 지금까지도 스스로를 크고 작은 신들과 연관시키는 디제라티에게는 영원한 꿈이요, 바램이다. 매즈리쉬의 경우, 우리들 사이에서 계몽된 자들은 인간의 타락한 세계로부터 멀리 떨어진 하늘나라의 천사로서 존재하게 될 것이다. 켈리의 경우, 그것은 신으로 돌아가는 것이다. 창조물을 재창조하는 것에서부터 기계에게「불로장생의 영약」을 제공하는 것에 이르기까지 그는 모든 것을 알고 싶어한다.

『모든 부차적인 동기들을 제거하면 이 모든 것은 한 가지로 정리된다. 바로 우리 자신들의 세계를 만드는 것이다. 나는 신이 된다는 것보다 더 중독성이 강한 것을 상상할 수 없다.』[28] 우리는 이중 그 어떤 말도 특별히 수벌같이 들리지 않는다는 것을 인정해야 할 것이다.

그렇다면 무슨 일인가? 이곳의 정신분열증 환자들을 어떻게 설명할 것인가? 그 한 가지 방법은 솔직함에는 한계가 있다는 사실과 삶이라 불리는 새로운 컴퓨터 게임에서 마술사 역할을 하기를 원하는 이들은 매우 영리하여 우회적인 방법의 가치를 알고 있다는—— 다시 말해서 자기희생의 가치에 대해 떠벌림으로써 신이 되고자 하는 욕망을 감추는 것이 낫다는 것을 알고 있다는 사실을 지적하는 것이다. [29]

보다 자비롭게 설명해서—— 그들이 술책을 부리지 않는다는 점과 순진한 개혁자적 열정에 주목하여—— 디제라티를 정치적으로 순진무구한 존재로 묘사할 수도 있다. 절대적인 힘과 절대적인 복종이라는 니트로겐과 글리세린을 결합하여 엄청난 폭발물을 만들면서도 단순히 자신들에게 의미가 없다는 이유로 그것을 재고하지 않는 사람들로 말이다. 염세적인 그들은 초현실에 빠져서 최신 허무주의적 디자인을 과시하느라고 너무 바쁜 나머지 자신들의 말이 어떤 영향을 미칠지 고려할 시간이 없다.

그러나 이 표현이 맞는 것으로 판명된다고 할지라도, 내 자신으로서는 그렇게 되리라 생각지 않는다 할지라도, 그것은 문제가 되지 않을 것이다.

어느 쪽이건 그 영향은 마찬가지여서 영혼들은—— 악의에서든 어리석음에서든—— 똑같이 심하게 동요된다. 그리고 디제라티적 전망의 위협을 철저히 인식하기 위해서 우리가 해야 할 일은 우리가 전에도 인간 벌집을 보아 왔다는 사실을 가슴에 새기고 그 인간 벌집이 「단일의 지각력 있는 유기체처럼」 떼를 지었을 때 어떤 일이 발생했는가를 상기하는 것이다. [30]

켈리의 멋진 미사여구 뒤에서 나는 뉘른베르크의 5만 마리의 무감각한 수벌들, 갑자기 커졌다가 다시 가라앉는 흥분된 윙윙거리는 소리를 듣는다. 또한 나는 더 나은 모습을 위해 벌집 주변을 위아래로 움직이고 있는 수벌들처럼 흥분되어 있으나 멍해 보이는 얼굴들, 무릎 양말을 신은 젊은 남자들을 보게 된다. 나는「즉시 집합할 채비를 갖추라」는 라이펜스탈(Leni Reifenstahl)의 선전 영화에 영원히 사로잡힌 인간 벌집의 일반 대중들을 본다. [31] 그리고 나는 혼자 생각한다. 켈리와 그의 동료 열광자들은 미래에 대한 자신들의 전망을 다시 생각해 보아야 한다고, 그리고 나머지 우리들은 그에 주의를 기울이기 시작해야 한다고….

주(註)

1) 중간계층에 대한 예는 Michael J. O'Neill, *The Roar of the Crowd : How Television and People Power Are Changing the World* (New York : Times Books, 1993) 참조. Kevin Kelly, *Out of Control : The Rise of Neo-Biological Civilization* (Reading, Mass. : Addison-Wesley, 1994)에도 잘 나타나 있다.

2) John Markoff, "The Lost Art of Getting Lost", *New York Times*, 18 September 1994.

3) Peter H. Lewis, "Preaching the Techno-Gospel, Al Gore Version", *New York Times*, 17 January 1994.

4) 이 비유는 적절치 않을지도 모른다. 던(Bruce Dern)과 그의 로봇 친구는 파괴될 예정이었던 최후의 생존 강우림을 구하기 위해 기꺼이 몸을 던졌다. 우리가 알고 있듯이 부통령은 환경 문제에 대해 많은 관심을 가지고 있다. 우리가 그 사실을 잊어버릴까봐 사이버 스페이스에서의 고어를 형상화하는 지구의 영상이 거기에 있는 것이다. 그의 책 *Earth in the Balance* (Boston : Houghton-Mifflin, 1992)의 표지에 나타나 있는 것과 동일한 것이다. 간단히 말해서, 지구의 사진은 환경론을 사이버 스페이스에, 책을 2진 부호에, 체크무늬 셔츠의 부통령을 새롭게 태어난 인포반 부통령에 연결시키는 일종의 시각적 다리인 셈이다. 이들 모두가 양립 가능하다고 한다. 모순점은 전혀 없다.

5) "Harper's Index", *Harper's Magazine* (April 1994)에 언급되어 있음.

6) 과학기술 전도사들의 작품들에는 개종(conversion)과 참여(communion)라는 용어들이 주기적으로 등장한다. 예를 들면 Howard Rheingold's *The Virtual Community : Homesteading on the Electronic Frontier* (Reading, Mass. : Addison-Wesley, 1993). 「가난한 자는 복이 있나니」라는 인용구는 Anthony Ramirez, "Providing for the Have-Nots of the New Information Age", Ideas and Trends, *New York Times*, 23 January 1994에서 따옴.

7) Nathaniel C. Nash, "Gore Sees World Data Privatization", *New York Times*, 22 March 1994.

8) 통신 정책에 관한 아넨베르그 워싱턴 프로그램의 수석 연구원인 흄(Ellen Hume)과 같은 학자들도 이 점에 대해 이상히 생각했다. 아마 더 의미심장한 것은 디제라티 자신들이 미사여구와 네트 현실 사이의 차이를 감지했다는 사실이다. 발로우와의 인터뷰에서 디벨은 다음과 같이 묻는다. 『당신은 사이버 스페이스에 대한 당신의

비전과 달리 네트상의 많은 논의들이 진부한 농담에 불과하다는 사실을 알고 있습니까?』발로우, 『아, 예. (웃음) 그건 개인용 주파수 라디오라고 생각해 주십시오. 아무 생각 없이 타이핑한 것에 불과하죠.』Julian Dibbell, "Net Prophet", *Details* (August 1994) 참조.

9) 민주주의는 광섬유 케이블을 따르지 않을 수도 있지만 소비자 중심주의는 광섬유 케이블을 따라갈 것이다. 코넬리(Matthew Connelly)와 케네디(Paul Kennedy)가 최근 지적했듯이, 이것은 세계 통신혁명이 서구 선진국들로 하여금 충분한 일일 칼로리 섭취량을 확보하려고 아우성인 모든 사람들에게 많은 영상들을 발사할 수 있게 해주리라는 점을 시사한다. 이는 세계를 보다 통합된 것으로(아니면 다같이 잘사는 상태로) 만들기보다는 부러워하는 존재가 많은 세계로 만들 것이다. Connelly and Kennedy, "Must It Be the Rest Against the West?" *Atlantic Monthly* (December 1994).

10) 과학기술 이상주의는 거의 2세기 동안 미국의 전통이었다. Leo Marx's classic *The Machine in the Garden : Technology and the Pastoral Ideal in America* (London : Oxford University Press, 1964), Howard P. Segal, *Technological Utopianism in American Culture* (Chicago : University of Chicago Press, 1985) 참조.

11) 개척 지대 유추법의 어두운 측면들은 Lewis Lapham, "Robber Barons Redux", *Harper's Magazine* (January 1994)에서 논의된다. 라팜(Lapham)은 사이버 스페이스와 개척 지대라는 은유를 다음과 같이 확대한다. 거대 통신 대기업들—예를 들면, 말론(John C. Mallone)의 TCI—은 자유로운 영토를 클린턴 정부가 해제한 인허가 규제 폐지의 난장판 속으로 몰아넣고 있다. 이들은 통행 요금 징수소를 설치하고 진입로를 사유화하고 심지어 정보도로를 독점하고 있는데 이 모든 것들이 지나친 탐욕의 정신에서 비롯된다. 이들은 힘, 무자비함, 독점금지법에 대한 공공연한 경멸이라는 면에서 19세기 미국(the Guilded Age)의 악명 높은 독점 회사들과 다를 바가 없다. 그 회사들을 경영했던 사람들은 후일의 반더빌트(Vanderbilt), 모건(Morgan), 록펠러(John D. Rockefeller)와 같은 인물들이다.

12) 최근, 새로운 세대의 개척자들이 네트의 현실 도피적인 환상들과 실제 세계를 닮은 것들—그들을 친구, 가족, 일과 연결시켜 주는 빵 부스러기들의 전자적 흔적을 뒤에 남기면서 몬타나나 알래스카를 향해 떠나는(또는 떠날 이야기를 하는) 행동들—을 결합시키기 시작했다. 개인주의와 독립이라는 미국적 전통의 풍자로서 이런 류의 감성은 재미있어야 한다. 그러나 자급자족 같은 것이 실제로는 그와 정반대이므로 우습지 않다. 새로운 개척자가 면도로부터의 자유를 만끽하면서 황무지에 있는 자신의 컴퓨터 스테이션 옆에 앉아 있을 때, 그는 실제로는 새로운 정보 테크놀로지와 그 뒤에 숨어 있는 힘들에 대한 자신의 완벽한 종속을 재확인하고 있는 것이다.

13) 하버드 대학의 미문학 교수인 베르코비치(Sacvan Bercovitch)는 윈스로프(John Winthrop)에서 레이건(Ronald Reagan)에 이르기까지 과대 선전의 형태로, 또 사

회화의 의식으로서 계속되어 온 미국의 천년왕국 신화의 뛰어난 적응성을 지적하
였다. 디지털 혁명의 천년왕국은 가장 최신에 나타난 것이라고 할 수 있다. 오늘
날 미국의 약속을 실현하기 위하여—마침내 새로운 가나안에 이르기 위해서—우
리는 발로우와 함께 사이버 스페이스로 올라가야만 한다. Sacvan Bercovitch, *The
American Jeremiad* (Madison : University of Wisconsin Press, 1978) 참조.

14) 내가 말하는 동질성은 통신 혁명의 다양성 뒤에 숨어 있다. 통신 혁명은 우리에
게 무한히 인격화된 테크놀로지와 500여 개의 텔레비전 채널들에 내재해 있는「개
인주의」를 제공하는 반면, 실제로는 우리를 보다 일률적인 존재—수백만 가지의
선택권을 가진 (정보와 제품의) 고객이라는 일률적인 존재들로 굳히고 있을 따름
이다. 포스트만(Neil Postman)이 이를 잘 표현하였다. 『우리는 슈퍼-정보 네트워
크에 수십 억을 투자하자고 제안한다. 무엇을 위해? 60개의 TV 채널 대신 500개
아니면 100개를 가지게 될 것이다. 그러면 우리는 보다 많은 오락, 스포츠, 광
고, 뉴스들에 빠르고 편리하고, 다양한 형태로 접근하게 될 것이다. 다시 말해서
우리는 이미 우리가 젖어들고 있는 것들로 우리의 생활을 가득 채우게 될 것이
다.』 "We Are the Wired : Some Views on the Fiberoptic Ties That Bind", *New
York Times,* 24 October 1993 참조.

15) 시골길에서 고속도로로의 이동으로 초래된 문화적 희생에 대해서는 William Least
Heat Moon, *Blue Highways : A Journey into America* (New York : Ballantine,
1982) 참조.

16) Gregory Stock, *Metaman : The Merging of Humans and Machines into a Global
Superorganism* (New York : Simon and Schuster, 1993), 137.

17) Kevin Kelly, "Embrace It", in "The Electronic Hive : Two Views", *Harper's
Magazine* (May 1994).

18) Kelly, *Out of Control,* 28.

19)「외관상의(분명한) 개인들(apperant individuals)」는 상기 저서의 p. 102에서 인
용. 민스키는 상기 저서의 pp. 43~44에서 깊이 있게 인용. 「호모 사피엔스를 넘
어서(Beyond Homo sapiens)」는 스톡의 저서 *Metaman*의 제9장 제목임.

20) Stock, *Metaman,* 119, 135.

21) 상동, 211.

22) 상동, 209.

23) Kelly, *Out of Control,* 102~3.

24) Stock, *Metaman,* 20. 스톡에 따르면 우리는 또한 자연으로부터 멀어지게 진화하
고 있다. 『더 이상 우리는 우리의 실제적인 살아 있는 환경으로서의「자연」과는
관련이 없다』고 그는 말한다. 『악취 나는 늪지대를 통과하고 뼈까지 스며드는 찬
바람에 떨고 또 모기떼 속에 서 있는 것 등등을 오래 참아 낼 사람은 거의 없을 것
이다. 그리고 왜 우리가 그래야 하겠는가?』라고 그는 덧붙인다. 인류는 합성적이
고 관리되는 환경으로 이동하고 있다고 그는 결론을 맺는다. 그러므로 종들의 대

규모 멸종은 큰 문제가 되지 않을 것이다. 그것들은 과학기술이 만든 합성물들로 대체될 테니까. *Metaman*, 186 참조.

25) Kelly, *Out of Control*, 440.

26) Stock, *Metaman*, 79.

27) Kelly, *Out of Control*, 452에서 인용.

28) 상동, 233.

29) 과학기술 전도사들에 대한 관여나 감사가 이루어지지 않는다는 면에서 볼 때— MIT 미디어 연구소 같은 곳에 유입되는 막대한 양의 연방 자금에도 불구하고— 신의 말씀이 무뎌지는 것은 당연하다. 『그 어떤 정치인도 네그로폰테나 미디어 연구소에 조금도 관심을 보이지 않았다.』 브랜드(Steward Brand)는 *The Media Lab : Inventing the Future at MIT* (New York : Viking, 1987), 8에서 이렇게 적고 있다. 물론 보다 많은 청중들에게 도달하기 시작하면서 과학기술 전도사들의 설교들은 약간씩 달라졌다.

30) Kelly, "Embrace It", 21.

31) 이 비교가 기우처럼 들린다 해도, 나는 사과하지 않겠다. 케넌(George Kennan)과 기타 많은 사람들이 수년에 걸쳐 지적해 왔듯이, 동질성은 전체주의에 있어서 기본적이며 필수적인 성분이었다. 오늘날 우리는 추상적 개념에 우리의 개인적인 자아를 희생할 것을 요구하는 새로운 과학기술을 포용하고 있다. 그 과학기술의 제안자들은 더 이상 개인주의의 손실을 피해야 한다고 주장하는 제스츄어는 하지 않는다.

제 5 장

환상 공화국
-현실에 대한 공격-

디지털 혁명의 이상스런 기적을 만들어 내는 과학기술들을 이해
하려면 무엇보다도 그것들을 —— 건축 비평가 헉스타블(Ada
Louise Huxtable)이 언젠가 말했듯이 ——「선택적 환상으로 현실
을 대체하는 것」이 국가적 오락인 문화에서 나온 자연적이고 필연
적인 산물이라고 생각해야 한다. [1]

사실 디지털 과학기술들은 모두 시뮬레이션이라는 이상한 연금
술에 대한 것이다. 과학기술 전도자들은 모든 남녀, 그리고 아이
들까지도 순간적인 정보의 대륙 속에 파묻히게 할 수 있는 장점들
을 이야기할 수도 있다. 그러나 진정으로 그들의 활력이 솟아나게
하는 것은 정보가 아니라 아무도 파악하지 못하는 사기에 대한 꿈이
다. 스스로를 가상 현실의 연구가라고 칭하는 로렐(Brenda Laurel)
박사의 말처럼『누구나가 마음의 평정을 잃게 할 정도로 강한 어
떤 것을 창조하기를 원한다.』다시 말해서「모든 이」가 원하는
것은 유리창으로 돌진해 충돌하는 새들처럼 진짜로 착각해서 속일
수 있을 정도로 완벽한 환각이다. [2]

자신과 자신을 둘러싼 세계로부터 그다지 소외되지 않은 문화에서는, 그리고 TV와 광고의 초현실들이나 그것들의 산물인 정치적 상상 따위에는 그다지 신경쓰지 않는 세대에서는 이 모든 것이 거의 문제가 되지 않을 것이다. 그러나 우리의 문화는 우연 이상으로 환영들에 친숙해온 문화였다.

컴퓨터가 출현하기 오래 전 미국에서의 현실은 미사여구의 특별한 효과들에 의해 형상화되고 또 연장되었다. 예를 들어 오웰의 「가상의(virtual)」라는 단어가 어휘 사전에 등장하기 오래 전부터 형성하다라는 의미의 단어인 「morph」가 미국의 모든 학생들에게 친숙한 동사가 되기 전부터 「영토 확장」은 어쩔 수 없는 운명적인 것으로 여겨졌다. 그것은 일종의 요령, 아니 천부적인 재능이었다. 한 세대의 문화 역사가들이 우리에게 보여줬듯이 미국에서 현실의 영역은 환상을 만들어내는 데뿐만 아니라 그것을 믿는 데에도 비상하게 뛰어난 국민에 의해 항상 포위되었으며 현실의 힘은 계속적으로 잠식되었다.

나는 사이버리스트들이 완벽한 복사를 추구하는 것은—— 철학자 에코(Umberto Eco)의 표현대로 사실과 허구 사이의 경계가 「오염」되어 온 문화가 존재하며, 국제적으로 가장 친숙한 역사적 건조물이 백악관이 아니라 디즈니 성(Mickey's Magic Kingdom)인 나라에서는——지극히 타당한 현상이라고 생각한다.[3] 가상 현실은 가상 시대라는 면에서 논리적이다. 물론 그중 어떤 것도 새로운 과학기술을 덜 위험하게 만들지는 않는다. 우리는 현재 객관적인 현실에 가까스로 매달려서 매일 소비하는 비현실의 누적된 무게에 의해 계속 아래쪽으로 끌어당겨지고 있다. 그렇기 때문에 우리를 곧장 거울 너머로 보내 버리겠다고 위협하며 환상을 만들

어 내는 새로운 세대의 과학기술들이 주는 충격을 감당해 낼 형편
이 못된다.

　물론 몇몇 사람들에 따르면——그리고 그들의 주장도 타당하
다——우리의 손가락은 몇 년 전에 이미 미끄러졌고, 남아있는
유일한 문제는 우리가 얼마나 멀리 떨어질 것인가 하는 것이라고
한다. 미국 정치의 가상 현실들을 분석한 용감하고 탁월한 한 기
사에서 켈리는 사실상 미국은 선출된 관료들에 의해서라기보다는
——테니스 스타인 아가시(Andre Agassi)의 표현대로——『이미
지가 전부』라고 믿고 있는 유권자들에게 관료들을 포장해서 판매
하는 사람들에 의해 운영되는 나라, 즉 다시 말해「환상 공화국
(Republic of Illusion)」이라고 주장했다. 미국에서의 정치는 객관
적 현실보다는 가상 현실에 치중하고 있으며 이것은 수도인 포토
맥강에 위치한 오즈에만 국한된 것이 아니다. 이 슬픈 상황은『현
실과 환상의 경계가 상실되어 온 문화, 즉 올리버 스톤(Oliver
Stone)을 역사가로, 조 맥기니스(Joe McGinniss)를 전기작가로,
제럴드 리베라(Geraldo Rivera)를 저널리스트로, 레오날드 제프리
스(Leonard Jeffries)를 유전학자로, 바바라 스트라이샌드(Barbra
Streisand)를 국가 정책에 대한 권위자로 만들어 온 문화를 대변하
는 것』이라고 켈리는 주장한다. 4) 그러나 유감스럽게도 켈리의 주
장이 아무리 용감하고 날카롭다고 할지라도 이미 새로운 시대의
여세에 이미 그 입지를 잃기 시작했다. 5)

　오늘날 새로운 품종의 공격적이고 현실파괴적인 과학기술들에
직면한 우리는 단지「정치의 가상 현실들」뿐만 아니라「가상 현
실의 정치」도 고찰해야 할 필요가 있다.

　가상 현실의 정치라는 말은 무슨 뜻일까? 실재하는 것과 실재

하지 않는 것 사이의 선을 영구히 지우려는 과학기술론자들의 정치적 영향이란 뜻이다. 그 이상도 그 이하도 아니다. 그러나 왜 특별히 「정치적」 영향인가? 왜 문화적 영향은 아닌가? 시인컨대 이 구분이 적절하다.[6]

내가 정치적이라는 단어를 선택한 것은 디지털 혁명이 그 가장 핵심적인 면에서 힘에 관한 것이기 때문이다. 또한 가상 현실로의 우리의 집단적 추락이 분명 문화적인 문제이긴 하지만, 그럼에도 불구하고 보기 흉할 만큼이나 놀라운 정치적 현실을 초래하기 때문이다.

*　　*　　*

물론 가상 현실의 세계에서는 적절한 것들과 터무니없는 것들이 완전히 뒤섞여 버린다. 사이버 스페이스 공동체에서는 반사회적 이상성격자들이 거대한 믹서기나 6피트짜리 삽으로 변장하고 나타나며, 워싱턴에서의 정치적 과대선전은 비누로 지워지며, 식민지 시대를 재현해 놓은 관광지에서는 드레스를 입고 리복을 신은 18세기 숙녀들이 우리가 환상으로 격하할 것이라고 선언한다.[7]

너무나 뒤죽박죽이고 어지러워서 출발점을 찾아내는 것이 어려울 수 있다. 그러나 내 말이 옳다면, 그리고 환상의 문화에서 발췌한 모든 예들이 근본은 동일한 어떤 것——즉, 현실에 대한 우리의 동시대적 공격——의 부분이라면 우리는 어디에서고 시작할 수 있다. 또한, 모든 길은 마침내 같은 목적지로 이어진다는 것을, 그리고 디지털 물고기는 하나의 문화로서 우리의 방향에 대해 많은 것을 말해 준다는 확신을 가질 수 있다.

디지털 물고기란 어떤 것인가? 디지털 물고기란(아직 컴퓨터 시뮬레이션 게임의 세계를 모르는 행운아들을 위하여 설명하자면) 현재 가정용 또는 사무용으로 이용 가능한 여러 컴퓨터 프로그램들에서 볼 수 있는 시뮬레이트된 물고기를 말한다. 일본 엔화로 2만 4,800엔(약 240달러)이면 디스켓 하나만큼의 물고기들을 집에 가져와서 여러분의 컴퓨터에 집어넣을 수 있다. 그러면 어떻게 되는가? 파리에게 대항하거나 레몬즙을 뒤집어쓰고 지글지글 끓거나 하는 것 말고는 뭐든지 다 가능하다.

예를 들어 「아쿠아존(Aquazone)」이라는 프로그램에서는 여러분 능력껏 드라마를 잘 끌어가기만 한다면 그 물고기들은 〈와이어드〉지의 이스탐(Kim Eastham)이 지적한 대로 냄새만 없는 아주 진짜 같은 가상의 수족관에서 이리저리 헤엄쳐 다니면서 몇 개월 또는 몇 년에 걸쳐 성장하고 짝짓고 생식한다.[8] 컴퓨터 화면의 유리를 손가락으로 톡톡 두드리면 그 물고기들이 이리저리 흩어지는가? 아직은 그렇지 않다. 그러나 곧 그렇게 될 것이라고 확신한다. 또다른 한편으로는 죽을 수 있다. 〈정말 같은 일 칼럼(verisimilitude column)〉에서 확인해 보라. 태만에서든지 아니면 어리석음에서든지 여러분은 그 물고기들을 그들의 RL 형제들만큼이나 쉽게 죽일 수 있다. 먹이를 너무 많이 주거나 너무 적게 주는 경우, 누군가에게 그것들을 돌봐달라고 부탁하지 않은 채 휴가를 떠나는 경우, 약을 주지 않거나 수질을 적절한 상태로 유지시키지 못한 경우, 또 기타 수백 가지의 방법으로 잘못 다루는 경우에 그 물고기들은 수족관 아니, 컴퓨터 화면의 꼭대기에서 배를 뒤집고 죽게 될 것이다.

그 물고기들은 어느 정도나 진짜 같은가? 물론 그것들은 결코 진짜가 아니다. 그것들은 컴퓨터 시뮬레이션일 뿐이며──가짜 탱크의 가짜 물고기들, 옛날에 컴퓨터 미로에서 자신의 앞길을 우적우적 씹어먹으며 헤쳐 나갔던 게걸들린 작은 팩맨들과 같은 것들로서 단지 지느러미가 달렸을 뿐이다. 반면에 그들은 진짜처럼 보인다. 아주 진짜 같다. 『물고기와 물과 환경들이 너무도 사랑스럽게 만들어져 있어서 익숙하지 않은 사람들은 아쿠아존을 진짜로 착각할 것이다』라고 이스탐은 말한다. 컴퓨터 모니터 뒤의 「물」은 투명해 보인다. 물고기는 진짜 물고기처럼 꼬리를 흔들면서 부드럽게 헤엄친다. 여러분은 그것들을 만져보고 싶어한다. 결국 이것이 전체의 요점이다. 『난 그저 예쁘기만 한 어떤 것을 만들려는 게 아니었습니다.』 그 프로그램의 설계자인 디카르란토니오(Ron Dicarlantonio)는 말한다. 『나는 그것들이 살아 있는 것이기를 바랬습니다.』[9] 그리고 그는 어느 정도는 성공했다.

내가 지금 디카르란토니오가 창세기(또는 다윈)를 한 단계 높여 놓았다고 말하고 있는 걸까? 아니다. 물고기는 물고기이나, 디카르란토니오의 물고기는 물고기가 아니다. 그러나 이것이 물고기가 죽자 눈물로 뒤범벅이 되어 회사로 전화를 했던 부부에게는 그리 큰 문제가 되지는 않는 것 같았다. 그들 부부와, 그리고 그저 물고기들에게 말을 걸고 먹이를 주고 물고기 새끼가 태어났을 때 기뻐하는 많은 이들에게 그 물고기들은 진짜였다. 내게는 이 모든 것이 가상 물고기의 실재성에 대해서라기보다는 사람들의 민감성과 생명체로서 진짜처럼 보이는 전자 환상들이 주는 심리학적 부작용에 대해 더 많은 것을 말해 주는 듯하다.

어쨌거나 가상의 수족관일 뿐인데 사소한 일에 야단법석이라고? 그럴 수도 있다. 만일 생명체를 디지털 부호로 변환시키려는 시도가 물고기로 끝난다면 말이다. 그러나 그렇지가 못했다. 가상 물고기에서 더 나아가——여러분은 어쨌건 물고기 탱크에서 성배를 발견하지는 못할 것이다——디제라티는 가상의 아이들에 까지 이르렀다.

또다른 시뮬레이션 프로그램인 「프린세스 메이커 2(Princess Maker 2)」에서는 여러분이 가상의 소녀를 집도 없고 이름도 없는 부랑아에서 어여쁘고 정숙한 18세 숙녀로 키울 수 있다. 또한 여러분은 모든 종류의 그릇된 양육 방식으로 일을 망쳐놓을 수 있다. 예를 들어 만일 그 아이에게 기름진 음식들만 먹이면 그애의 콜레스테롤 수치가 위험수준까지 올라갈 것이며, 교육을 제대로 시키지 않으면 좋지 못한 종말을 맞이하게 될 것이며, 너무 심하게 다루어도 역시 마찬가지가 될 것이다. 이스탐은 『여러분의 가상의 소녀는 애보기에서 바 호스테스에 이르기까지 15가지의 다른 아르바이트를 가질 수 있다. 선택도 여러분이 하고, 결과도 여러분이 감수한다. 만약 그 아이가 일과 학교 사이에서 스트레스를 너무 많이 받게 되면 여러분은 그 아이를 충분히 쉬게 해주기 위해 요양소에 보낼 수도 있다』라고 말한다. [10]

이 프로그램의 제작자인 타카미(Akai Takami)가 『여러분이 참여해서 여러분 자신의 세상을 창조할 수 있는 장기간의 게임』[11]이라 설명한 이 「프린세스 메이커 2」는 기술적으로 복잡한 그래픽을 수반하지 않는 아쿠아존이라 할 수 있다. 다시 말해서 여러분이 가상의 물고기처럼 쉽게 입양아를 망쳐놓을 수 있다 하더라도 한동안은 그 아이가 만화처럼 보일 것이다. 그러나 그 아이가 만져 보고 싶을 정도로 진짜같아 보이게 되면 어떻게 될 것인가? 애니메이션의 마술이 그녀에게 표정을 주고 결까지 세세히 구성된 피부를 주고 여러분의 기분에 반응할 수 있는——여러분을 위로하고, 또는 울 수도 있는——능력을 제공하게 되면? 강제-피드백 기술이 여러분이 그 애의 머리칼을 어루만질 수 있도록 해주면 어떤 일이 일어날까? 이 모든 것이 이미 가능하다.[12] 우리가 우리의 문제아 자녀와 함께 그 가상의 휴양소를 점검해 볼 수 있게 될까? 누가 알겠는가? 이미 아이가 집을 나갔다고 말하면서 어떻게 해야 찾을 수 있겠느냐고 문의하는 사용자들도 있다고 타카미는 주장한다.[13]

물론 컴퓨터 시뮬레이션 게임 중에는 성인들이 디지털 꼬마들을 양육할 수 있게 해주는 프로그램들만 있는 것이 아니다. 실제로 시뮬레이트되지 않은 인간의 활동권을 생각하기란 쉽지 않다. 「끝없이 자라나는 정원(Forever Growing Garden)」이나 데이빗슨의 「동물원 관리인(Zoo Keeper)」 같은 일부 시뮬레이션 게임들은 아이들이 다양한 자연 서식지들——강우림, 초원, 산——을 탐구하고 그곳에 살고 있는 동물들을 방문할 수 있게 해준다. 이는 또한 이제는 그곳에 살고 있지 않는 것들, 즉 멸종해 버린 것들을 방문할 수 있게 해준다.

시골 농장의 물웅덩이를 탐구하는 대신 (아니면 공원에서 사마귀들을 잡는 대신) 오늘날의 8살짜리 꼬마들은 자신의 컴퓨터에서 그런 것들을 탐구할 수 있다. 애완동물을 데리고 돌봐주는 대신 자신의 컴퓨터에서 전자 애완동물과 시간을 보낼 수 있다. 동물원(그 자체가 이미 일종의 시뮬레이션이다)에 있는 진짜 동물들을 방문하는 대신 컴퓨터를 통해 멸종된 도도새와 여행 비둘기를 만날 수 있다. 이 모든 것에는 나름대로의 장점도 있지만——부서진 수족관도 없고 소파 위에 강아지 털도 없다——거기에는 더없이 귀중한 것, 한마디로 말해서 현실이 결여되어 있다. 컴퓨터 내의 식물들, 동물들, 생태계는 진짜처럼 보일 수도 있지만 그것들은 진짜가 아니다.

그것이 문제가 되는가? 물론 문제가 된다. 그것도 여러가지 면에서 그러하다. 가장 실제적인 수준에서 이런 게임들이 외형과 실제 사이의 선을 얼마나 쉽게 지워 버리는지, 그것들이 사용자들의 감정을 얼마나 쉽게 사로잡는지, 그 용이함은 기타 다른 컴퓨터 시뮬레이션 프로그램들에 대해 몇 가지 흥미로운 문제들을 야기한다. 즉, 그런 프로그램들의 대다수는 결국에는 뭔가를 기르는 데보다는 그것들을 꼬챙이에 꿰는 데 아니면 총으로 쏘거나 폭탄으로 날려 버리거나 불태우는 데 더 관심을 가진다. 「돔(Doom)」 게임의 최근판——이 프로그램을 만든 20대들은 마약과 같은 뻔뻔스런 방법을 사용해서 판매해 나갔다——에서 희생자들을 난도질하고 손발을 잘라 버리는 10살난 꼬마가 그 또래의 온화한 성품의 아이가 자신의 가상의 물고기를 좋아하는 것처럼 자신의 난폭한 등장인물들을 좋아하게 될까? [14]

오늘날의 컴퓨터 세계에 빠져 있는 사용자들로부터 나오는 사실적인 비명들과 공격적인 애정 표현(『죽어라』, 『똥이나 먹어라』, 『이 더러운 것!』 등등)이 환상의 질이 높아짐에 따라 진짜 고통, 진짜 두려움의 외침이 되지는 않을까? 그렇게 되지 않으리라는 보장은 없다.

여기에서 중요한 것은 시뮬레이션이 아니라 우리가 얼마나 기꺼이 그것들을 사들이는가 하는 것 같다. 토마토를 기르건, 아니면 동력 톱으로 많은 사람들을 베면서 앞으로 나아가든 결국 우리는 위조품을 사들이고 있는 것이며 이는 우리 자신에 대해, 그리고 우리와 현실과의 관계에 대해 시사하는 바가 크다. 다시 말해서 시뮬레이션 게임들이 중요한 이유는 그것들이 보다 큰 어떤 것의 일부이기 때문이다. 즉, 에코의 표현대로라면 원형과 묘사물 사이에 존재했던 선의 철저한 제거가 그것이다. 바로 그 특성에 의해 시뮬레이션 게임들은 우리의 삶에서 점점 더 믿을 만한 복제품으로 대체되어가고 있는 현실이 어느 정도까지 그 권한을 상실하고 있는지를 보여준다.

위조 과학기술이 컴퓨터 내의 세계로만 제한된다면, 과학기술이 가상 물고기나 가상의 아이를 기르는 것 또는 램더무(Lambda MOO) 같은 가상 사회에서 사는 것이 야기하는 심리적 부작용을 처리하는 것 이상의 의미를 갖지 않는다면, 아무런 문제도 되지 않을 것이다. 그러나 상황은 그렇지 못하다. 그리고 이것이 중요한 점이라고 나는 믿는다. 사이버리스트들이 우리의 세계 —— 컴퓨터 외부의 세계 —— 를 일종의 사이버 스페이스로 바꿔 놓기를 희망하는 것과 마찬가지로 환상가인지, 공상가인지 그 이름이 무엇이든 간에 그런 사람들이 자신들의 환상을 전체로서의 문화에 도입시키고 있는 것이다. 실내에서 현실을 난도질하는 데 만족하지 못하고 그들은 보다 큰 게임을 추구한다. 왜? 언론비평가 왈프(Morris Wolfe)가 최근 말했듯이 『현실을 바꾸는 것보다 현실에 대한 사람들의 사고방식을 바꾸는 것이 더 쉽고 더 저렴하기 때문이다.』[15]

결국 디지털 물고기가 제공하는 현실에 대한 환상과 디지털적으로 변경된 사진이 제공하는 현실에 대한 환상 사이에는 특별한 경계가 존재하지 않는다. 시뮬레이션 문화는 모두 같은 종류이므로 우리가 우리의 위조품들을 컴퓨터에서 발견하든 신문에서 발견하든 전체 문화에서 발견하든 그것은 차이가 없다.

내 책상 위에는 신문에서 오려낸 사진 두 장이 압정으로 벽에 꽂혀있다. 그중 하나는 1945년 얄타에서 찍은 스탈린(Stalin), 처칠(Churchill)과 루즈벨트(Roosevelt)의 유명한 사진을 복제한 것이다. 이들 바로 뒤에 스텔론(Sylvester Stallone)이 와이셔츠 바람으로 서 있다. 약간은 우습고 또 20세기 역사의 주요 인물들에 대한 그 불손함이 재미를 던져 주기도 하며 정치와 대중문화의 구분을 지워 버린다는 점에서 재치있기까지 하다. 그러나 이 사진은 일종의 역사적 현기증을 일으킬 정도로 기술적인 면에서 아주 충격적이다. 입자도 균일하고 음영 또한 훌륭하다. 스텔론은——눈꺼풀이 두껍고 근육이 경직된——그 순간의 엄숙함에 감동을 받은 것처럼 보인다. 혹자는 그가 사진을 찍은 후에 스탈린 쪽으로 몸을 돌리며 그 특유의 낮은 브룩클린 사투리로『이봐, 한국의 그 점령지대 말인데…』라고 말하는 것을 상상하리라.

또다른 사진은 기술적으로는 유사하면서도, 나름대로 불합리한 부분을 제거하고 있다. 이 사진은 조작 전과 조작 후의 두 가지 이미지를 보여준다. 「조작 전」 사진에서는 전임 국무장관 베이커(Jim Baker)가 필리핀 외무장관 망글라푸스(Raul Manglapus)와 함께 소파에 앉아있는 것이 보인다. 베이커는 전면의 카메라를 보며 웃으면서 망글라푸스를 향해 반쯤 돌아앉아 있다. 그는 마치 죄의식을 느끼고 있는 볼썽사나운 원고처럼 지나치게 딱딱해 보인다. 그의 왼팔은 그들 사이에 있는 쿠션 위에 놓여있다. 「조작 후」 사진에서는 또다른 사진에서 오린 후세인(Saddam Hussein)의 모습이 베이커와 망글라푸스 사이에 있다. 참으로 짓궂게도 이 조작된 모습이 첫번째 것보다 더 자연스러워 보인다. 베이커의 왼팔이 이 제는 후세인의 어깨에 자연스럽게 걸쳐져 있다. 전번에는 어떤 설 명할 수 없는 이유로 쿠션의 중앙을 향해 동작을 취하고 있는 것 처럼 보였던 그의 오른팔은 이제 아주 자연스럽게 심지어는 온화 하게 언론을 위해 그의 친구 후세인을 가리키고 있었다.

왜 내가 이 사진들을 간직하고 있을까? 이것들이 독특했기 때 문은 절대 아니다. 〈과학적 미국인(Scientific American)〉지의 최 근호에서 링컨(Abraham Lincoln)의 팔에 안겨있는 먼로(Marilyn Monroe)의 사진 —— 먼로는 흥분돼 보였고 대통령은 생각에 잠 긴 듯했다 —— 도 그만큼은 했을 것이다. 이 사진들이 보여주고 있는 과학기술들이 아주 새롭거나 놀라운 것이기 때문도 아니다. 디제라티가 말하고 있는 것처럼 이미지 조작은 옛날 얘기이다. 내 가 그것들을 간직하고 있는 이유는 그것들이 우리가 살고 있는 점 점 더 불안정해 가는 세계, 즉 MIT의 미첼(William J. Mitchell)이 지적했듯이 「설득력 있는 시각적 증거」가 「쉽게 날조될 수 있 는」 그런 세계를 너무나도 잘 상징하고 있기 때문이다. [16]

『옛날에는 사람들이 사진은 실제 세계의 사물들에 대해 의도적 으로 만든, 믿을 만한 보고서라고 가정할 수 있었다』라고 미첼은 말한다. 그러나 더 이상은 아니다. 『디지털 영상은 이러한 확실 성들을 뒤엎어 왔으며 디지털 포맷으로 우리에게 다가오는 시각 정보의 홍수가 계속 증가되고 있기 때문에 우리는 허구와 거짓으 로부터 사실을 가려내는 데 많은 주의를 기울여야 할 것이다』라고 그는 말한다. 그런데 과연 허구와 거짓으로부터 사실을 가려내는 일이 가능할까? 그럴 것 같지 않다고 미첼은 인정한다. 이미 위 조품들은 들키지 않고 시장에 들어왔으며, 미국 잡지 사진가 연합은 절망적인 조치로 그 회원들에게 자발적으로 위조품들을 확인할 것을 요구해 왔다. 17) 위조품을 찾아낼 수 있다고 하더라도 일부러 그것들을 찾아내려 애쓸 것인가? 아마도 우리 눈에 보여지는 것들에 대한 우리의 믿음이 삶을 완벽하게 위조하거나 또는 역사를 위조할 수 있는 과학기술들에 의해 잠식당하고 있다는 사실에는 무관심한 채, 시뮬레이트된 물고기를 받아들이는 것과 동일한 방식으로 조작된 사진들을 받아들일 가능성이 더 많다.

내가 지금 『영상조작 기술이 도래하기 전에는 모든 것이 보여지는 그대로였다』라고 말하고 있는 것일까? 물론 그렇지는 않다. 「선전」이라는 것은 언어만큼이나 오래된 것으로서 알타에서의 원래 사진도 연출된 것이며, 베이커가 「조작 전」 사진에서 그토록 불편해 보이는 이유 중 하나는 그 사진도 역시 「현실」을 그대로 묘사하고 있는 것이 아니라 오히려 「사진광학」의 가상 현실을 묘사하고 있기 때문이다.

그러나 뭔가를 생략하거나 또는 어떤 영상을 특별한 방식으로 표현하여 그것의 의미를 치장하는 것과 영상 그 자체를 재창조하는 것은 아주 별개의 문제이다. 후자가 바로 영상조작이 성취하고자 하는 것이다. 콜롬비아 대학 신문학부의 학장대리인 이삭스 (Stephen D. Isaacs)의 말에 따르면 이는 신문잡지의 과실이다. 왜냐하면 영상들이 때때로 단어 이상으로 메시지를 전달하는 경우 단번에 현실을 변경하기 때문이다. 18) 틀림없이 이는 기술공포증 환자들에게 꼭 맞는 분야이다. 그러나 현재 가장 영향력 있는 단일의 통화 —— 즉, 시각적인 영상 —— 로 거래되는 위조물을 제작하는 과학기술에 잠재해 있는 재앙의 가능성을 감지해 내는 데 반드시 편집증환자가 필요한 것은 아니다.

만일 우리가 정보의 다른 형태들——예를 들면 인쇄매체——이 대다수 사람들에 대한 주요 정보원으로서의 권위를 차지하는 시대에 살고 있다면 영상조작은 별문제가 되지 않을 수도 있다. 그러나 우리는 그런 시대에 살고 있지 않다. 우리는 점점 더 시각화되어가는 시대에 살고 있다. 삶의 소비자가 아니라 삶의 묘사물들——베네딕트(Michael Benedikt)의 기념비적인 문구에 의하면 어디에서도 실제로는 존재하지 않으나, 시각을 위해 마련된 영상——의 소비자로 살고 있다. 즉, 영화, 비디오, 광고와 같은 미디어 이벤트와 재현의 소비자인 셈이다. [19] 그리고 이러한 것이 우리를 약하게 만든다. 우리 중 거의 50%가 기능적으로 문맹이며 90%가 뉴스의 주요 근원으로서 TV를 꼽고 있으므로 우리는 그야말로 따먹기 딱 알맞게 익은 상태이다. [20] 또는 경우에 따라서는 조작하기에 딱 알맞은 상태이다.

대중 소설가들과 헐리우드 제작자들은 이미 영상조작에 대한 두려움을 소재로 많은 작품들을 만들었다(이 자체가 아이러니한 일이다). 최근 영상조작에 대한 두려움은 공식적인 공포증의 대열에 진입했으며 크라이튼(Michael Crichton)의 외국인 공포증을 다룬 소설이자 영화각본인 《떠오르는 태양(Rising Sun)》과 같은 수단들에 의해 유린되고 또 신성화되어 왔다. 그러나 「선전의 의지(will-to-propaganda)」가 디지털 시대에 진입하는 경우 일어날 수 있는 상황을 알기 위해 크라이튼의 상투적인 줄거리(탐욕스러운 하원의원들, 생기없는 금발의 여인들, 불가사의한 과학기술로 무장한 사기꾼 아시아인들 따위)를 끝까지 읽을 필요는 없다. 오히려 로스앤젤레스 경관들이 무장하지 않은 흑인 운전자를 구타하는 30초짜리 화면이 나라에 미치는 영향을 상기하고, 총격전으로 이

어지게 하거나 구타를 보다 잔인하게 만들 수 있는 과학기술의 잠재력을 고찰하기만 하면 된다.

첨단기술의 위조품들은 거짓말이 그렇듯이 내뱉기는 쉬워도 취소하기는 어렵다. 판도라의 상자는 건드리기만 해도 열려버린다. 그것을 닫는 것은 또다른 문제이다.

이미지 조작 기술들——이미 그 유용성은 유흥 및 광고에서 확고히 자리잡고 있다——이 정치적 이미지 창출에 유입되는 것을 무엇으로 막을 것인가? 고객을 만족시키기 위해 파울리나의 엉덩이를 디지털적으로 가늘게 만들 수 있는 작자들이 무엇 때문에 후보의 푸른 눈을 보다 깊게 보이게 하기 위해 그 동일한 기술을 사용하지 못하게 할 것인가? 혹은 턱을 완고하게 보이게 하거나 자세를 곧게 하거나 머리의 각도를 조절하는 등 한두 가지가 아니다. 제작회사들은 이미 쿠오모(Mario Cuomo)가 브래들리(Bill Bradley)처럼 커보이게 만들 수 있고 또 클린턴(Bill Clinton)이 술에 취한 것처럼 보이게 만들 수 있다는 것을 보여줌으로써 장래의 고객들을 현혹시키고 있다. 그들은 자신들이 어떤 일을 하고 있는 건지 알고나 있을까? 물론 그렇지 못하다.

『우리는 여전히 말과 마차의 시대에 살고 있습니다』라고 컴퓨터로 생성된 영상들을 이용하여 깜짝 놀랄 만한 효과를 낸 〈포레스트 검프(Forrest Gump)〉를 만든 영화감독 제메키스(Robert Zemeckis)는 이렇게 말한다. 『우리는 이것이 세상에 어떤 영향을 미칠지 알지 못합니다. 상상할 수조차 없을 것입니다.』[21]

그러나 물론 우리는 상상할 수 있다. 충분한 양으로, 또 충분히 반복적으로 선전되어지는 경우 히틀러가 설명했듯이 거짓들은 나름대로의 진실을 창출하게 된다. 그리고 그것들은 우리에게 그렇게 해 왔다. 환상에 너무나도 익숙해져 버린 나머지 우리는 그것들이 거짓임을 알고 있는 경우에조차 점점 더 쉽게 그것들을 믿게 되는 것 같다——디지털 물고기의 주인들처럼 말이다. 예를 들어 광고의 내용이 거짓이며, 그리고 소위 현실을 바탕으로 한 TV 프로그램이라는 것들이 어느 정도까지 조작되는지를 알고 있음에도 불구하고 우리는 기꺼이 그들이 파는 제품들(그리고 현실들)을 사고 있는 것 같다. 부랑자 보호소에서 그릇을 닦고 있는, 아니면 미국 삼나무를 경탄스럽게 응시하고 있는 후보의 사진이 연출된 것임——심지어는 그 후보 자신의 실제 정책들과 정반대되게——을 알고 있음에도 불구하고 우리는 마치 그 영상들이 실제로 현실과 어떤 관련이 있는 것인양 그에게 표를 던진다.

이것은 다름아닌 시각의 거대하고도 무한한 힘을 시사한다. 그 어떤 것들보다도 더 강하게 그것은 우리의 믿음을 강요한다. 우리는 눈에 보이는 것을 믿기를 원하고 또 그래야 할 필요도 있다. 이에 따라 눈에 보이는 것들에 대한 우리의 본능적인 충절이 사물에 대한 이미지들에게도 상당 부분 이전되었다. 우리는 사진이나 비디오 영상을 우리가 그 원래의 것을 믿는 것과 거의 같은 정도로 믿고 있다.

이것이 전혀 새로운 일은 아니지만——1961년에 부르스틴(Daniel Boorstin)은 『영상 언어가 도처에 깔려있다』라고 하면서 『적절한 「영상」이 대통령을 선출하거나 아니면 자동차, 종교, 담배, 옷을 팔게 될 것』이라고 [22] 불평했다——그것이 어느 정도까지 옳은 것인가 하는 것은 오늘날 또다른 문제이다. 계산대 앞에서 천장 비디오 모니터에서 자기 자신의 영상을 응시하고 있는 자신들을 발견하는 고객들처럼 우리의 집단적 관심은 자꾸만 어떤 다른 곳

(Elsewhere)으로 가는 듯하다.

그 이유는 간단하다. 해가 바뀔수록 점점 더 많은 것들이 전송 사진의 형태로 우리 눈에 보여진다. 매년 우리들이 우리의 세계 —— 광고 속의 모델이 아니라 실제 남자와 여자의 육체, TV에 비쳐지는 풍경에 대한 영상이 아니라 실제의 풍경 —— 를 실제로 보면서 보내는 시간은 줄어들고 있다. 과학기술 전도자 켈리가 지적했듯이『우리들, 후기 현대의 도시인들은 하루 중 엄청난 부분을 초현실 세계 —— 전화 통화, TV 시청, 컴퓨터 화면, 라디오 등 —— 에 파묻혀 보낸다. 그리고 우리는 이것들을 매우 가치 있게 생각한다.』과장이라고?『매체를 통해서 보고들은 것들에 대해서 이야기하지 말고 저녁식사때의 대화를 이끌어 나가보라!』고 그는 제안한다. 그의 결론은 반박하기 힘든 것 같다.『환영들은 우리가 살고 있는 지형이 되어 왔다. 우리가 측정하는 것보다 더 많은 면에서 초현실은 우리에게 현실적이다.』[23]

이 모든 것들로 디지털 물고기와 얄타에서의 록키 사진을 새로운 견지에서 살펴볼 수 있다. 만일 실제로 우리가 우리의 애정을 대리세계로 이양하는 과정에 있다면, 만일 환영들이 켈리의 주장대로 우리가 살고 있는 지형이라면, 이미지조작 기술들은 우리가 소비하는 영상들뿐만 아니라 우리가 살고 있는 바로 이 세상을 조작하겠다는 위협을 내포하고 있는 것이다. 다시 말해서 그것들은 우리의 세계를 공상 과학을 넘어서 상상할 수 없을 정도의 가상 세계로 만들려 하고 있다.

그렇다면 이것이 왜 이전에는 문제가 되지 않았는가? 우리의 기술적 무능으로 인해 설득력 있게 거짓말을 하지 못했기 때문에 기꺼이 복사본을 믿으려 하는 우리의 경향이 억제되어 있었기 때문이다. 표현들은 다양한 방식으로 왜곡되거나 조작될 수 있었지만 완전한 위조는 도달하기 어려웠을 뿐 아니라 쉽게 간파되었다. 디지털 영상 조작이 비로소 거짓말하는 것을 용이하게 해 왔다.

이는 무슨 말인가? 이는 미디어 조사 센터, 아넨베르그 워싱턴 프로그램의 수석 연구원인 흄(Ellen Hume)이 지적한 대로『비디오 및 정지 사진들을 조작할 수 있는 과학기술들이 점점 더 널리 이용가능해짐에 따라 현재 정확한 것으로 신뢰받고 있는 사진 영상들이 의심스러운 것으로 간주되기 쉽다』는 말이다.[24] 다시 말해서 환상 사업이 초래할 수도 있는 것은 신뢰의 전반적인 위기요, 현실 시장에서의 충돌이다.

내가 말하고 있는 것은 문화를 디지털 조작된 영상들로 넘쳐흐르게 함으로써 우리는 모든 시각적인 표현물들과 그것들이 묘사하는 척하는 현실의 가치를 떨어뜨릴 위험을 무릅쓰고 있다는 점이다. 이는 사소한 일이 아니다. 억제되지 않은 상태로 두게 되면 이러한 위기는 서구 민주 문화에 심각한 영향을 미칠 수 있을 것이다. 어떻게? 자유민주국가를 지지하고 있는 대들보 중 하나 —— 믿을 만한 정보, 즉 진리에 대한 보편적인 접근에 대한 믿음 —— 를 무너뜨리기 때문이다.

내가 사실보다는 믿을 만한 정보에 대한 우리의「신뢰」를 강조하는 것은 우리가 지금껏 한번도 그러지 못했다는 분명한 이유때문이다. 제1차 수정헌법과 정보 자유 법안에도 불구하고 정보는 보편적으로 이용할 수 있는 것도 아니고 항상 의지할 수 있는 것도 아니다. 그러나 이러한 상황에도 우리의 신뢰는 크게 손상되지 않았다. 우리는 믿는다. 대체적으로 우리가 듣고 있는 것들은 진실이며, 진실은 노력하는 자에게 이용가능하다고 믿는다. 충분히 노력하면 진실은 니스칠 아래로 비치는 나무결처럼 보이게 될 것이라고 우리는 생각한다.

이것이 순진한 것인가? 물론 그렇다. 그러나 나는 미국인들의 정치적 순진성이라는 주제를 다시 되씹는 데에는 흥미가 없다── 그런 일은 이미 이전에 이루어졌다. 그것도 아주 훌륭하게. 오히려 나는 그것의 중요성을 확신시키는 데 관심이 있다. 결국 곧이 곧대로 받아들이는 우리의 속성은 지나치게 맹신하는 경우와 같은 위협을 내포한다. 그러한 믿음을 너무 빨리 잃게 되면 그로 인한 손실은 압도적일 수 있다. 전례를 살펴보면, 가장 큰 배신자는 가장 독실한 이들로부터 나왔다: 여기서도 마찬가지로 우리는 우리의 추락의 깊이가 우리의 신뢰의 숭고함에 비례할 것임을 예상할 수 있다.

바로 이것때문에 우리는 환상의 과학기술이 부과하는 위험에 처할 수 있다. 간단히 말하자면 우리에게 이용가능하게 만들어진 정보를 기꺼이 믿으려 하는 우리의 속성은 제공되는 정보가 대체적으로 진실된 것인 경우에서만 무해하다. 제공되는 정보가 더 이상 진실되지 않다면 우리의 신뢰는 우리를 밑으로 끌어당기는 닻이 될 것이다. 이때 우리가 맞이하게 되는 것은 독재정권하에서 발견되는 그런 종류의 제도화된 냉소주의일 뿐이다.

처음에는 이 말이 터무니없는 결론처럼 들릴 수도 있다. 나는 그렇다고 생각하지 않는다. 예를 들어 이전의 동부 지역에서는 디지털 영상 조작이 훨씬 더 완벽하게 만들곤 하던 허구와 현실의 오염으로 만연했었다. 그리고 이러한 오염은 모든 공식적인 정보를 향한 문화 전반적인 냉소주의의 확산을 초래했다. 신문 기사와

TV 뉴스들은 그것들이 대중의 삶과 어느 정도 관련이 있는지에 비례하여 자동적으로 거짓으로 간주되었다.

지역농업 협동조합을 위한 비료 기술에 대한 3페이지짜리 기사는? 아마 사실일거야. 경제상태에 대한 보고는? 두말할 것도 없이 거짓이지.

영상조작 기술에 내재해 있는 위협은 독재주의, 즉 정보 통제의 위협이랄 수 있다. 대중이 소비하는 영상들을 통제하라. 그것들을 사전 결정된 의제에 맞도록 변경하라. 그러면「유식한 일반대중」이라는 제퍼슨의 개념 —— 이미 위협받고 있는 —— 은 곧장 창문 밖으로 사라질 것이다.

사기를 폭로하는 것은 그것이 가능하더라도 그다지 도움이 되지 않을 것이다. 영상에 대한 대중의 신뢰가 일단 흔들리게 되면 전염병처럼 냉소주의가 모든 정보원으로 확산될 것이기 때문이다.

알타에서의 록키 사진은 이런 수준에서 감동적이며 또한 불길한 것이라고 나는 생각한다. 이는 우리에게《웃음과 망각의 책(The Book of Laughter and Forgetting)》이라는 권위주의에 대한 쿤데라(Milan Kundera)의 우화소설 첫부분을 장식하는 사진을 연상시킨다. 1948년 2월 체코슬로바키아에 사회주의 시대가 시작되던 무렵, 공산당 지도자 고트월드(Klement Gottwald)는 모여 있는 사람들에게 연설을 하기 위해 발코니에 서 있었다. 날씨가 추웠다. 동료인 클레멘티스(Klementis)라는 남자가 고트월드에게 자기 모자를 빌려주었다. 사진이 찍혔다. 4년 후 클레멘티스는 반역죄로 교수형에 처해졌고 모든 공식 사진에서 그의 모습이 지워졌다. 검열관들에게 잊혀진 그의 모자만이 여전히 고트월드의 머리 위에 남은 채로.

클레멘티스의 유령 같은 모자를 쓴 고트월드의 사진은 독재정권 하에서 만연했던 선전이랄 수 있는 영상 조작의 한 예임을 우리는 깨달아야 한다. 재미가 없다는 점 외에 얄타에서의 록키 사진과 무슨 차이가 있는가? 별반 다를 게 없다. 다음과 같은 한 가지 사실, 즉 스탤론과 그의 동료들의 사진이 더 낫다는 것만 제외한다면 말이다. 록키의 사진이 더 완성적이고 더 기술적으로 정교하며——한마디로 말해서 더 신뢰가 간다. 그것이 지니는 우스운 내용에도 불구하고 하나의 위조물로서 잔인한 공산주의 경쟁자보다 몇 광년은 앞서 있다.

시각적 선전 분야에서도 아주 많은 것들에서와 마찬가지로 자유 시장의 자유로운 세력들이 승리를 거두어 왔음이 분명하다. 우리는 지금 과거 그 어느 때보다 거짓말을 더 잘할 수 있는, 다시 말해 처칠이 베이징에서 에히만(Eichmann)이나 달라이 라마(Dalai Lama)를 포옹하는 것을 보여줄 수 있는 증명가능한 기술력을 지니고 있다. 우리는 필요에 맞게 역사를 재배열할 수 있다. 25)

1992년 소련 연방의 붕괴 이후 후쿠야마(Francis Fukuyama)라는 국무성 관리가 《역사의 종말(The End of History)》이라는 제목의 서구 자본주의의 승리에 대한 찬가——상당한 논의를 불러일으켰고 빠르게 잊혀졌다——로 짧은 명성을 날렸다. 그 이후에 나온 후쿠야마의 수필과 저서는 보편적인 자유 시장 유토피아에 대한 그의 낙관적인 전망을 압도하는 사건들의 홍수 속에 빠르게 파묻혔다. 아마도 그것들은 다시 파내어져야 할 것이다. 다름아니라 그 제목만은 오려져서 얄타에서의 록키 사진 아래 꼭맞는 추신으로서 붙여질 수 있기 때문이다. 실제로「역사의 종말」이었다.

물론 시뮬레이션의 규모는 천차만별이다. 여러분은 플로리다의 카시미르에 있는 새 중국역사 테마 유원지인 스플렌디드 차이나 (Splendid China)에 아이들을 데려가 달라이 라마의 포탈라 왕궁의 완벽한 축소물을 보여줄 수 있다. 아이들은 수백만의 불교신자들에게 있어 진짜 포탈라 왕궁은 세계에서 가장 성스러운 곳으로 여겨진다는 것을 배우게 될 것이다. 그러나 그 아이들은 1959년에 중국이 티벳을 침공했던 사실이나 티벳 민족들에 대한 계속되는 말살 행위 또는 진짜 포탈라 왕궁은 종교 중심지로서는 중국 정부에 의해 폐쇄되었고 현재는 관광객들에게만 개방되고 있다는 사실 등은 배우지 못할 것이다(이 부분은 여러분이 채워 주어야만 한다).

가상의 티벳 역사가 여러분의 흥미를 끌지 못한다면 여러분은 버지니아 헤이마켓에 있는 마나사스 국립전장지를 모독할 권리를 부정당한 후 현재 집을 찾고 있는 테마 유원지인 디즈니 아메리카(Disney's America)를 방문해서 미국 역사를 살펴볼 수도 있다.

디즈니 아메리카는 무엇을 제공할까? 거의 모든 것인 듯하다. 연설을 하고 서로 논쟁을 벌이는「진짜」컴퓨터 인형들, 아이들이 제2차 세계대전 폭격비행을 할 수 있도록 설계된 컴퓨터 시뮬레이션 게임들, 진짜 알을 낳을 수 있고 진짜 우유를 짤 수 있는 진짜 닭과 진짜 소까지 완벽하게 갖춘「진짜」농장.

여러분은 놀이기구까지 갖춘, 그럴듯하게 다시 만들어진 인디언 마을을 방문하거나 남북전쟁의 병사 놀이를 할 수도 있다. 또는 노예란 게 어떤건지를 느껴 볼 수도 있을 것이다. 『우리의 목적은 이를 진짜같게 만드는 것입니다.』디즈니 설계 및 개발 부장

루멜(Peter Rummel)은 말한다.[26] 물론 혹자는 한 아버지가 전쟁지에서 총칼에 찔리거나 가족과 헤어지거나 쇠채찍에 맞는 것을 보는 게 경험을 훨씬 더 실감나게 만들 수 있지 않겠는가 하고 주장할 수 있다. 그러나 현실은 많은 이윤을 위해 제한적일 수밖에 없다. 디즈니 아메리카에서 가슴에 케첩을 바른 시민 전쟁의 희생자들은 매일 오후 폐장시간이면 되살아날 것이며, 경매장에 있던 노예는 막 해방되어 고속도로에서 저녁식사 시간에 맞추느라 서두르면서 여러분을 스쳐 집으로 갈 것이다.

헉스터블이 지적하듯이 「미국의 테마화」는 디즈니 아메리카 같은 관광 업체들에만 국한되지 않는다. 거리와 고속도로 주변에는 별 4개짜리 레스토랑들 대신에 「진짜 같은」 「생생한」 「믿을만한」 시뮬레이션들이 길 서쪽으로 늘어서 있다. 전국적으로는 진짜 중심가들이 사라져 가고 있음에도 불구하고 교외 쇼핑몰들의 내부에는 가짜 중심가들이 나타나고 있다.[27]

원본과 시뮬레이션을, 사실과 허구를 구별하는 방벽의 일반적인 붕괴는 어느 곳에서나 볼 수 있다. 몸 전체에서, 현실에서 환영으로의 수혈이 이루어지고 있다.

짐을 뛰어 넘고 이리저리 피하면서 자신의 차로 달아나는 심슨(O. J. Simpson)의 영상은 TV와 신문의 각종 영상들로 희미해진다. 도망가는 심슨, 넬슨(Leslie Neilsen)과 익살을 부리는 심슨, 무죄 방면과 「운명의 역전 II (Reversal of Fortune II)」를 향해 법망을 요리조리 피해가는 심슨와 데르쇼비츠〔(Alan Dershowitz), 아니면 실버(Ron Silver)든가 ? 〕의 영상들.

로드니 킹(Rodney King) 구타 사건의 끔찍스런 비디오 테이프(다른 TV 프로그램의 구타장면과 구별이 불가능해질 때까지 싫증이 날 정도로, 아니 그보다 더 반복되어진)는 로드니 킹이 TV용으로 만들어진 음성 바이트로『우리 모두가 그냥 함께 지낼 수는 없는 것인가』라고 말하는 영상으로 희미해지며, 또 바로 이 장면은 로스앤젤레스에서 있었던 폭동의 영상으로 오염되며 그 장면은 다름아닌 전직 로스앤젤레스 경찰서장 게이츠(Daryl Gates)가 고안한 비디오 게임인 〈경찰 수색대 : 오픈 시즌(Police Quest : Open Season)〉에 나오는 로스앤젤레스 신체 상해의 「실제 장면」들처럼 보인다. 가구가 수영을 하고 벽들이 튀어나오고 또 구부러진다. 과학기술 전도자 켈리라면 이렇게 말할 것이다. 그림자는 낮의 이치라고.

문화에서 가상 현실의 공격으로부터 면제되는 부분은 있을까? 결코 그렇지 않다. 미국의 법정에서는 전문적으로 사건을 재현하는 전문업체가 점점 더 일반화되어 가고 있으며(예를 들어 상해 보상 사건들에서) 증거로 인정될 수 있다. 그리고 배심원단은 그것이 매우 효과적이라고 생각한다. 사건은 대본을 만들고, 리허설하고 연출하고 편집함으로써 다시 만들어진다. 그 어떤 것도 지나친 것이 아니다. 여러분의 손이 공장에서 박살이 났는가? 여러분의 자녀가 교통사고로 사망하였는가? 사례금을 많이 받기 위해 업체는 실감나는 비명, 공포에 질린 구경꾼들, 그리고 가상의 피까지 갖춘 비디오 시뮬레이션을 제공할 것이다. 이것을 법정을 위해 만든, 현실에 근거한 TV라고 생각해 보라. 아니면 디즈니 아메리카의 10편 〈법정 경험〉이라고….

사법 제도가 재현을 증거로서 기꺼이 받아들인다는 것은 디즈니 아메리카나 얄타의 록키, 디지털 물고기와 어떤 관계를 가지는가? 간단하다. 그것은 우리 문화에서 현실의 붕괴를 보여주는 하나의 징후인 동시에 그를 초래하는 기여요인이다. 결국 이 네 가지 모두가——가상의 사건, 가상의 노예 경매, 가상의 사진, 가상의 물고기——잠깐 켈리를 상기하자면, 현실과 환상 사이의 경계가 점점 더 부실해져 가고 점점 더 가상화되어 가고 있는 세계를 나타내는 재현물들이다. 가상의 것들이 괜찮아질수록 실제 존재하는 것과 존재하는 것처럼 보이는 것, 과거에 존재했던 것과 존재했었을 수도 있는 것들 사이의 구분선은 상실될 것이다.

그 점에서 우리의 미국과 디즈니의 미국 사이에서 이미 흔들리고 있는 구분은 영원히 사라질 것이며 재현물은 그 원본에 대해 승리를 거둘 것이다. 그리고 환상의 문화——최근에 〈생방송 토요일밤(Saturday Night Live)〉에서 「가짜」 레이건 대통령이 나와 부시(George Bush) 대통령이 그랬던 것처럼 선언한——가 도래할 것이다. 천년왕국이 바로 임박해 있다.

주(註)

1) Ada Louise Huxtable, "Inventing American Reality", *New York Review of Books*, 3 December 1992.

2) John Tierney, "Jung in Motion, Virtually, and Other Computer Fuzz", *New York Times*, 16 September 1993.

3) Umbetto Eco, *Travels in Hyperreality* (New York : Harcourt Brace Jovanovich, 1986).

4) Micheal Kelly, "David Gergen, Master of the Game", *New York Times Magazine*, 31 October 1993.

5) 그러한 추세는 여기에 수록된 것을 포함하여, 현상의 그 어떤 평가도 어렵게 만든다.

6) 문화적 담론들도 역시 힘에 관한 것들이다. 그러므로 나의 구분—매우 주관적인 구분임—은 형태와 정도에 대한 것이다. 내가 보기에는 문화적 담론들은 보다 덜 분명하고, 권력에 대한 욕망이라는 면에서 덜 공공연하며, 그들의 승리를 실제 세계의 이윤으로 변환시키는 데 덜 기민하다.

7) 테마 유원지들의 가상 현실에 대한 좀더 자세한 논의는 Huxtable, "Inventing American Reality", 참조.

8) Kim Eastham, "Artifishal Experience", *Wired* (July 1994) : 122.

9) 상동.

10) Kim Eastham, "The Virtual Brat", *Wired* (August 1994) : 104.

11) 상동.

12) 예를 들어 브랜드(Stewart Brand)는 신체 감각을 전자적으로 시뮬레이트하려는 MIT의 미디어 연구소 같은 장소에서 이루어지고 있는 진행상황들을 깊이 있게 논의한다. 『강제 피드백은 거의 모든 신체적 상호작용에 대한 컴퓨터 시뮬레이션을 가능케 해준다』라고 그는 말한다. Brand, *The Media Lab : Inventing the Future at MIT* (New York : Viking, 1987), unnumbered caption for illustration on fourteenth page of unnumbered illustration section ; also 146~48 참조.

13) Eastham, "The Virtual Brat", 104에서 인용.

14) 「돔(Doom)」 게임의 마케팅과 마약 사이의 유사성은 Peter H. Lewis, "Virtual Mayhem and Real Profits", *New York Times*, 3 September 1994에서 언급되었다. 루이스는 Id 소프트웨어사의 젊은 소유주들이 마약 취급 방식과 유사한 마케팅 전

략을 사용함으로써—첫번째 스토리는 무료로 제공한 다음, 고객이 걸려들면 그
이후의 스토리들을 팔아먹는다—회사를 빠르게 성장시켰다고 지적한다.

15) Joel Bleifuss, "New Angles from the Spin Doctors", Viewpoints, *New York Times*,
20 March 1994.

16) William J. Mitchell, "When Is Seeing Believing?", *Scientific American* (February 1994) : 73.

17) 물론 이것은 극단적인 현상이다. 대다수의 사람들은 20달러짜리 지폐를 감쪽같이
인쇄할 수 있는 과학기술을 거부할 것이다. 그러나 슬프게도 몇몇 사람들은 그렇
지 않을 것이다. 이 모든 것들에 비추어 볼 때, 사진—「현실」에 대한 어떤 권리
를 가지는 표현 매체로서의—의 시대는 끝났다는 디제라티의 주장을 심각히 숙고
해 보아야만 한다. *The Media Lab*, 219~23에서의 브랜드의 흥미진진한 논고 참
조.

18) William Glaberson, "Newsday Imagines an Event, and Sets off a Debate", *New
York Times*, 17 February 1994에서 인용.

19) Michael Benedikt, ed., *Cyberspace : First Steps* (Cambridge, Mass. : MIT Press,
1991), 10.

20) Irwin S. Kirsch, Ann Jungeblut, Lynn Jenkins, and Andrew Kolstad, *Adult Literacy
in America : A First Look at the Results of the National Adult Literacy Survey*
(Educational Testing Service, 1993), xiv~xv.

21) Aljean Harmetz, "Two Special Effects (a Crib Sheet)", *New York Times*, 24 July
1994.

22) Daniel Boorstin, *The Image : A Guide to Pseudo-Events in America* (New York :
Harper-Colophon, 1961), 183. 컴퓨터 과학기술이 대중화되기 오래 전에 출판되
었음에도 불구하고, 부르스틴의 책은 광의적인 문화적 의미에서의 가상 현실에 대
한 선구적인 작품이며, 영상의 폭정이 현 반세기 동안 어느 만큼 진전했는지를 평
가하는 데 매우 귀중한 보조수단이기도 하다.

23) Kevin Kelly, *Out of Control : The Rise of Neo-Biological Civilization* (Reading,
Mass. : Addison-Wesley, 1994), 240.

24) Glaberson, "Newsday Imagines", 에서 인용.

25) 시각적 역사 기록을 재배열할 수 있는 기술 능력은 새로운 선전의 시대를 예고하
는 것일 수 있다. 그러나 수사학적인 수준에서 이런 종류의 역사적 현실 조작이
—오늘날 보여지는 정도까지는 아니더라도—한동안은 정치학의 주요 부분이었다
는 사실은 주목할 만하다. Douglas Jehl, "Officials Told to Avoid Calling Rwanda
Killings 'Genocide'", *New York Times*, 10 June 1994 참조.

26) Michael Wines, "Disney Will Recreate U. S. History Next to a Place Where It Was
Made", *New York Times*, 12 November 1993.

27) Hextable, "Inventing American Reality", 참조.

제 6 장

본질주의 옹호론

나는 자유시장에 대한 다음과 같은 친숙한 말로 내 결론을 시작하고자 한다. 『사업에 좋은 것이 반드시 문화에도 좋은 것은 아니다.』 디지털 혁명은 괜찮은 사업임이 분명하다. [1] 그러나 문화적으로는 많은 면에서 좋지 않은 소식이다.

최소한 그것은 부분적으로 새로운 세계주의의 산물이라는 점에서 나쁜 소식이라 할 수 있다. 그리고 세계주의——효과적인 마케팅 전략이자 관용에 대한 훌륭한 은유——는 대부분의 사람들이 근거해 살아가기에는 너무 거대하면서도 너무 피상적이다. [2] 다른 동물들과 마찬가지로, 인간은 세계적이라기보다는 지역적이다. 우리들 각각은 우리가 살고 있는 문화의 세세한 특징들에 의해 형상화되어진다. 다시 말해서 정체성은 아주 상세한 것들로 이루어져 있으며 개인이 이런 세부 사항들을 자기 나름대로의 방식으로 채색할 수 있다고 해도 실제 세계에서 삶의 물리적인 측면은 가치를 따질 수 없을 만큼 소중한 「자기 인식」의 근원이다.

이것이 디지털 혁명의 추상개념들에 의한 직접적인 위협으로 흔들리고 있다. 전임 시티코프 회장 리스톤(Walter B. Wriston)과 현 미국 노동부 장관 라이쉬(Robert B. Reich) 같은 디지털 혁명의 지지자들은 「권한 부여(empowerment)」라는 단어가 두 가지 이상의 정의를 가지고 있다는 사실을 밝히지 않은 채, 개인들에게 「힘을 부여하는(empower)」 I-웨이의 능력만 찬미하고 있다. 일반적으로 말해 그들이 우리에게 제공하는 것은 자유시장 유토피아로서의 사이버 스페이스에 대한 전망이다. 그들이 종종 빠뜨리는 것은 바로 우리의 삶을 추상화하는 것이 우리에게 좋지 않을 수도 있다는 사실이다. 즉, 레인골드(Howard Rheingold)의 책 제목을 이용하자면 「가상의 공동체」는 모순어법이며, 새로운 세계의 시민들이 새로운 종류의 망명자 —— 배선에 의해 세계와 연결되어 있으나 인간생활에서 중요한 많은 것들로부터 분리되어진 전기적 방랑자 —— 일 수도 있다는 어떤 암시이다. [3] 컴퓨터 공상가 모닝스터(Chip Morningstar)가 매우 재치 있게 표현했듯이 사이버 스페이스가 「돈이 있는 장소일 수는 있으나」 당신이 있고 싶은 곳은 아닐 수도 있다.

왜 그런가? 스테인(Gertrude Stein)의 말을 상기하자면 그곳에는 그곳이라는 것이 존재하지 않기 때문이다. 사이버 스페이스는 글자 그대로 존재하지 않는 곳(nowhere)이기 때문이다. 즉, 그것이 우리에게 우리의 고립을 확신시킬 때조차도 사회적인 삶의 형태들을 모방하는 전자적 공간이기 때문이다.

노인들은 사이버 스페이스 공동체에서 편자 던지는 놀이를 하지 않는다. 10대들은 관람석 아래에서 사랑을 나누지 않는다. 아이들은 개구리를 잡거나 약식 야구를 하거나 낙엽 더미 속으로 뛰어내릴 수 없다. 우리는 서로가 웃음짓는 것을 볼 수 없으며 와인병을 건네줄 수도 없다. 그리고 「야구장 관람석의 어둠 속에서 나는 너의 입술에 키스한다」 내지는 「나는 나뭇가지에서 낙엽 더미 속으로 뛰어내린다」, 또는 「나는 뒷방에서 음악이 연주되고 있는 지금 네 잔에 내 잔을 쨍강 하고 부딪친다」라고 단어들을 타이핑하는 것은 실제로 그런 일들을 하는 것과는 같지가 않다. 과학기술 전도자들이 제아무리 같다고 격렬하게 주장하더라도 말이다.

물론 일부 사람들은 나의 예들이 록웰(Norman Rockwell)에게서 나온 어떤 것이며, 내가 사이버 스페이스 사회에서 부족하다고 생각하는 그런 삶은 이미 오래전에 사라졌으며, 오늘날 노인들은 양로원에서 혼자 죽음을 맞이하며, 모든 개구리들은 사라져가고 있다고 말할 것이다.

그러나 그렇다 하더라도 —— 그리고 일반적으로 나는 그렇다고 생각하지 않지만 —— 우리에게는 한 가지 선택사항이 남아있다. 바로 우리가 상실해온 영토를 개간하는 것이다. 우리의 파괴된 공동체를 재건하는 것, 면대면(face-to-face) 의사 소통 능력을 되살리는 것, 변성된 황무지를 회복시키는 것이다. [4]

20세기말의 삶의 현실들로부터 주의를 돌리는 것이 결코 그 해답은 아니다. 그런데 아주 간단히 말해서 디지털 혁명이 우리에게 제공하는 것이 바로 그것이다. 어떤 다른 곳, 즉 추상적이고 보다 쉽게 조작가능한 세계로 우리의 주의를 돌리는 거대한 규모의 기분전환인 셈이다.

그것은 올바른 각도에서 볼 때 거의 모든 것을 결여하고 있으나 그럼에도 불구하고 현재 세계에 싫증나고 좌절하고 짜증난, 그리고 진짜 사물을 대신해서 묘사물을 받아들이는 데 —— 텔레비전 세대의 많은 아동들이 그러하듯 —— 이미 익숙해져 있는 수백만의 사람들이 진입해 들어가는 그런 세계이다.

이러한 기분전환의 문화가 미국인의 삶에서 점점 더 중요한 역할을 수행하게 됨에 따라 가상의 환경보다는 실제 공동체와 실제 친구들과 이웃들, 그리고 물리적인 환경의 중요성과 가치에 다시 우리 관심의 초점을 맞추어야 할 필요성도 점점 증가할 것이다. 결국 이러한 것들이 또한 정보──느리고 난해하며 궁극적으로 소중한 정보, 2진 부호로 줄일 수 없는 그런 정보──의 근원이다.

이런 종류의 정보, 다시 말해 물리적인 세계에서의 경험으로부터 생겨나는 정보는 그것 없이는 우리가 거의 아무것도 할 수 없는 그런 종류일 수도 있다. 꽤 다양한 분야의 전문가들이 우리가 심오하고 또 변경불가한 방식으로 물리적인 세계에 유전적으로 연결되어 있음을 보여주기 시작하고 있다. 자연 세계의 제약과 압력에 반응하면서 수십만 세대에 걸쳐 진화해 온 우리는 우리의 정신적·육체적 안녕과 심지어 몇몇 사람들이 주장하듯 사회적 창조물로서의 우리의 정체성조차 자연에 의존하는, 글자 그대로 자연의 산물이다.

그러므로 디지털 시대의 추상적인 공동체와 가상의 풍경들에 반대하는 최상의 논거는 생물학적인 것일 수 있다. 노벨상을 수상한 생물학자 윌슨(E. O. Wilson)이 지적했듯이 뇌는『기계에 의해 규제되는 세계가 아닌 생물 중심의 세계에서 진화하였다.』그러므로 물리적인 환경──마음, 정신이 발생했고, 그리고 그것이 영구히 뿌리박혀 있는──과의 연결을 끊는다고 가정하는 것은 어리석은 짓이라 볼 수 있다.「진화는」매리랜드 대학의 물리학 교수인 박(Robert Park)은 이렇게 말한다.『매우 느리게 진행되는 과정이므로 최근 수십년 간의 변화의 속도를 따라갈 수 없다. 놀라운 것은 아주 낯선 세계, 즉 우리의 생물학적 자아와는 점점 더 소원해지는 세계에 갇힌 상태에서 우리 중 일부가 때때로 이상하게 행동하거나 비이성적인 믿음을 갖는다는 사실이 아니라 우리가 그런 것들에 잘 대처한다는 사실이다.』[5]

월슨과 박의 요점은 간단하다. 시간과 공간과 거리에 대한 우리의 관계가 과학기술에 의해 근본적으로 바뀌어온 반면, 우리는 동일한 상태로 남아 있다. 우리는 5,000년 전보다 더 빨리 뛰지도, 더 잘 보지도 않으며, 그때와 아주 다르게 만나거나 짝짓거나 식사하지도 않는다. 이것은 물리적인 세계에 뿌리를 두고 있는 우리의 생물학적 자아와 우리가 거주하고 있는 인공의 세계 사이의 점점 넓어져가고 있는 간격에 대해 시사하고 있다. 과학기술의 발전이 훨씬 더 빠르게 우리를 가상의 미래로 데려가고 있기 때문에 우리는 우리자신의 생물학적 과거 —— 우리가 알고 있고 또 우리 자신인 모든 것들의 근거 —— 로부터 우리 자신을 갈라놓을 위험에 처해 있다. [6]

생물학적인 자아라는, 보다 심오한 이 개념은 과학계 인사들로부터는 많은 지지를 모으고 있다. 예를 들어 《장소의 힘(The Power of Place)》에서 갤러거(Winifred Gallagher)는 인간은 1000년에 걸쳐서도 변하지 않은 특정한 방식으로 자신의 환경에 반응하도록 유전적으로 부호화되어 있다고 주장해 왔다. 우리는 자연 경치들에 대해 —— 숲과 강과 호수들에 —— 호의적으로 반응하는데, 그 이유는 수천 세대 동안 자연은 우리의 고향이었기 때문이다.

자연적인 것의 모든 흔적들을 벗어던지면 수많은 신경증들이 나타나기 시작한다. 『우리가 자연의 파괴를 완성한다면』 오베린 대학의 오(David W. Orr) 박사는 이렇게 적고 있다. 『우리는 정신의 온전함의 근원 그 자체로부터 우리 자신을 제거하는 데 성공한 셈이 될 것이다. 우리의 창조물들 한가운데 밀봉된 채, 세계는 그 자신 속에 갇힌 영혼의 실성한 이미지만을 반영하게 될 것이다.』[7]

오의 가설을 지지하는 증거들이 느리지만 꾸준하게 모아지고 있다. 예를 들어 담낭수술에서 회복한 환자들에 대한 10년간의 추적조사에서는 나무나 하늘을 내다볼 수 있었던 환자들이 그렇지 못한 환자들보다 입원기간이 훨씬 더 짧았고 진통제도 덜 섭취했음을 보여주었다. 또다른 임상실험에서는 특별히 설계된 정원에서 치매 환자들을 지내게 한 결과, 지나친 공격과 폭력 사건이 상당히 감소했음을 보여주었다.[8]

환경이라는 정의를 확대해서 인간사회도 포함한다면, 우리의 창조물들 한가운데에 우리 자신을 폐쇄시킨다는 것의 함축적 의미 —— 이는 분명 디지털 혁명이 의도하는 것이다 —— 는 몇 배로 불길해진다. 연구자들은 친구들과 함께 보낸 하룻밤이 이틀동안 면역체계를 강화시킬 수 있음을 보여주고 있다. 암환자들의 가족이나 친구들은 환자들과 접하고 대화를 나누면서 환자의 생존 기간을 배가시킬 수 있다. 다시 말해서 사회 생활은 그것이 어떤 제약과 어려움들을 갖든 간에 생명을 고무시켜 주는 활동이다. 반면에 고립과 스트레스는 그만한 희생을 치루게 할 것이 분명하다.[9]

스테플스(Brent Staples)는 고립과 스트레스가 모든 표면이 소리를 지르고 모든 침묵이 채워지는 세계, 조용하고 텅 빈 공간이 점점 더 결여되어 가고 있는 세계, 바로 디지털 세계의 직접적인 부산물이라고 지적해 왔다.[10] 모두 연결되어 영구히 접촉된 상태에서, 우리는 그 어느 때보다도 더 혼자이면서 또 역설적으로 결코 평온한 상태를 누리지 못한다.

　한편 야구장에 휴대용 라디오와 TV를 가지고 가는 야구팬들처럼 우리는 점점 더 우리의 옆사람들로부터 고립되어 간다——그런데 메이저 리그 클럽들이 경기장 좌석에 컴퓨터를 설치하여 팬들이 통계라든가 화면이라든가 경기 도중의 사소한 경기들을 접할 수 있게 해줌에 따라 이러한 경향은 계속되어질 가능성이 짙다.[11] 타자의 타구를 감상하거나 중간 중간 옆사람과 이야기를 나누는 대신 우리는 가상 현실에 나가 있게 된다. 그리고 야구장에서 볼 수 있는 것과 동일한 종류의 고립 경향은 또다른 곳에서도 볼 수 있다——실제의 사람에게 복도를 내려가 메시지를 전하는 대신 우리는 E-메일을 보내고 있다. 저녁식사를 하면서 동료와 대화를 나누는 대신 우리는 건너편 TV를 응시하고 있다. 계단에 앉거나 동네 음식점이나 커피숍에 가는 대신에 우리는 사이버 스페이스에서 사회활동을 하거나 TV에서 배우들의 묘사물들이 사회활동하는 것을 지켜본다.

　스테플스는 우리의 고립 상태가 점점 늘어감에도 불구하고, 「완전한 무접촉상태」로의 돌입은 고독의 종말을 보여준다고 주장한다. 즉 휴대용 전화기, 무선호출기 및 모든 종류의 데이터 전송 기기들이 우리를 주기적으로 연결해주고, 또 영구히 틀 속에 엮어지는, 그런 시대가 도래한다고 한다. 자유로운 순간들 그리고 소중한 시간들을 박탈당한 채 우리는 우리 안에 있는 가치 있는 것들이 자라게 할 기회, 우리가 살아가는 방식과 우리가 믿고 있는 것을 통찰할 기회를 잃게 될 것이다. 고독은 작고 기묘한 장치들로 채워지는 「휴지 시간」이 될 것이라고 그는 주장한다. 그리고 나도 이에 동의하는 바이다.[12]

말할 나위도 없이, 신시대의 권위자들에게는 주변 세계로부터의 고립의 증가도, 그리고 삶으로부터 고독의 소실도 그 어떤 중요성을 갖지 못한다. 그들은 우리를 괴롭히고 있는 것이 그 무엇이든간에 그것에 대한 치유책은 언제나 보다 많은 정보라고 주장한다. 『사람들은 너무 많은 정보를 보유하게 될까봐 두려워한다』라고 노벨물리학상 수상자인 펜지아스(Arno Penzias)는 최근 공상과학 소설가 글레이크(James Gleick)에게 다음과 같이 덧붙이며 불만을 토로했다. 『당신은 돈을 너무 많이 갖게 될까봐 두려운가? 너무 많은 행복을 갖게 될까봐?』[13]

펜지아스의 등식──정보=돈=행복──은 사이버리스트들이 일반적인 한계에 대해 가지는 태도뿐만 아니라 정보라는 바로 그 개념에 대한 심취에 대해서도 시사하는 바가 크다. 이런 사람들에게는 많은 것이 좋다, 즉「다다익선」이 가치 기준이 된다.

그러나 실제로는 과학계에 속해 있건 아니건 간에 많은 이들은 이에 대해 확신을 갖지 못하고 있다.

포스트만(Neil Postman) 같은 문화비평가들이 지적하고 있듯이, 우리들은 스스로를 서둘러 배선으로 연결하면서「정보의 불충분으로 인해 야기되는 정치적·사회적, 특히 개인적 문제들은 매우 적은 반면」, 인간의 진보를 우리가 가질 수 있는 정보의 얄팍한 양과 분별없이 동일시한 결과로서 야기되는 문제들은 엄청나게 많다는 사실은 잊고 있다. [14]

정보가 행복과 동일한가? 대역폭이 세계를 보상하는가? 포스트만, 그리고 나 자신과 같은 회의론자들의 말보다 더 많은 것을 말해 주는 것은 바로 디제라티 자신들의 사생활이 그들 자신의 미사여구와 상반되는 경우가 꽤 빈번하다는 사실이다. 한 예로, 현재 최첨단과학의 실리콘 밸리 간부들 사이에서는「흙으로 돌아가자(back-to-the-land)」라는 운동이 활발히 전개되고 있다. 목가적인 나파 밸리의 토지를 매입하여 포도를 경작하고 열심히 돌보며 자신들의 노동의 열매를 그 이웃들과 나누고 있는 것 같다. 왜 사이버 스페이스에서는 포도를 키우지 않는 걸까? 디지털 이웃들이 그렇게 좋은 이웃들인데 왜 실제의 이웃들에게 손을 내밀고 있는 것일까? 왜 현재 건설 중인 빌 게이츠의 4만 평방피트짜리 하이테크 별장에 강어귀와 연어개울이 포함되어 있는 걸까?

『첨단 기술 분야에 속해 있다보면 가끔씩 인류에 좀더 가까워지길 원하게 마련이다』라고 멘로 파크의 로지컬 마케팅사의 소유자인 헤일러(F. H. Hyler)는 말한다. 그리고 분명히 자연에도 가까워지길 원할 것이다. 『가치는 삶의 질, 개방성과 정직함에 있다』고 그는 지적한다. 결국 이것이 정확한 요점이다. 네트상에서 고통받고 있는 것은 바로 우리 삶의 질이다. [15]

우리 주변을 감싸고 있는 디지털 추상개념들로부터 우리가 살고 있는 물리적인 세계로 관심을 돌리기 위해서는 무엇보다도 과학기술에 심취해 있는 이들의 의견들에 대해 회의적인 태도를 가지는 것이 필요하다. 이는 쉽지 않을 것이다. 딱딱히 긴장되어 있고 또 지칠 줄 모르고 열광적인 과학기술 전도자들은 무시하기도 힘들 뿐 아니라 매우 확신에 차 있다. 그들이 너무나도 확신에 차 있어서 사람들은 그들의 비전에 뭔가가 있으리라 추측하게 된다. 그러나 그렇지 않은 경우가 허다하다. 실제로 좀더 면밀하게 조사하면 겉보기에는 실질적인 주장이 1/3은 추측이고 2/3은 소망성취의 환상인, 사이버 스페이스 그 자체만큼이나 피상적인 것으로 드러나는 경우가 아주 빈번하다.

예를 들어 길더(George Gilder)의 《텔레비전 이후의 생활 : 다가오는 미디어의 변화와 미국 생활(Life After Television : The Coming Transformation of Media and America Life)》을 살펴보라. 모든 것이 다른 것과 연결되어 있는 미래를 상상하는 다른 수렴주의(convergence) 지지자들과 마찬가지로 길더는 텔레비전, 컴퓨터, 전화가 합쳐지고 있으며 새로운 혼성물의 탄생, 통신망으로 연결된 「텔리컴퓨터」가 도처에서 활용될 것이라고 믿고 있다. 『텔리컴퓨터는 대중문화를 강화시킨다기보다는 개인주의를 고양시킬 것이다. 수동성을 고취시킨다기보다는 창조성을 증진시킬 것이다…. 아마도 가장 중요한 사항은 텔리컴퓨터가 세계 전역에서 민주주의와 자본주의를 풍요롭게 하고 또 강화할 것이라는 것이다.」[16]

3년 후 좋은 것과 나쁜 것이 구분되었다. 바론(James Barron)이 〈뉴욕 타임스〉의 최근 기사에서 예증하고 있듯이, 남은 것은 텔레비전의 가장 나쁜 것 —— 그것의 중독성, 수동성 —— 과 온라인 커뮤니케이션의 가장 나쁜 것 —— 피상적인 것에 대한 자의식적인 찬미, 대중문화적인 잡담, 목적 없는 즉시성 —— 을 결합시키는 과학기술의 출현이다. [17] 결과는 머리가 두 개 달린 괴물로서 이는 그 자신이 대체하였던 머리 하나짜리만큼이나 놀랍고 또 무미건조하다. 그리고 잠재적으로 그 전체는 좀더 고압적이다.

바론은 컴퓨터가 TV와 합쳐짐으로써 TV의 힘이 크게 확대된다는 것을 보여준다. 텔리컴퓨터는 TV 앞에 눌러앉아 TV만 보는 사람들을 없앤다기보다 실제로 오히려 더 새롭고, 보다 집착력이 강한 다양한 시청자들을 탄생시켜 왔다. 다시 말해 잠시도 쉬지 않고 TV와 컴퓨터를 왔다갔다 하는 사람들, 광고 사이사이에 컴퓨터에 접속해서 자기가 방금 본 것을 이야기하다가 쇼가 다시 시작하면 TV로 되돌아가는 그런 사람들. 『컴퓨터와 TV의 환상적인 결합물에 코가 꿰인 사람들에게는 어느 한쪽에서 끝나는 자막이 올라갈 때 다른 한쪽에서는 쇼가 막 시작한다』고 바론은 적고 있다. 그 결과가 ⟨X-파일(The X-Files)⟩ 같은 1시간짜리 텔레비전 쇼가 일주일에 수백 시간에 달하는 온라인 대화를 생성할 수 있는 「정보 중독자의 이상한 나라」인 것이다.

바론이 비열한 것일까? 결코 그렇지 않다. 인포반을 그저 왔다갔다하는 것만으로도 그가 설명하고 있는 현상의 범위와 힘을 확신하게 된다. 대충만 살펴보아도 사이버 스페이스의 그 어느 곳에서나 사소한 TV 프로그램에 관심을 가진 사람들로 붐비는 대화방을 발견하게 된다. 그곳에서 돌아서면 게시판 서비스들이 있는데, 여기에는 자신과 같은 류의 사람들과 함께 다렌이 못된 여자인지 아닌지 그리고 그 여자가 가렛의 아이를 갖게 될지 아닐지에 대해 컴퓨터 통신을 통해 이야기를 나누고 싶어 안달하는 사람들로부터 매시간 쏟아져 들어오는 논평들로 꽉 채워져 있다. 사이버 스페이스에서는 어떤 것들이 화제인가? TV인 경우가 대부분이다.

물론 마케팅 전략상 TV를 온라인화하는 것은 지극히 타당하다. 『네트워크 TV가 하는 일은 관객들이 사랑에 빠질 수 있는 사람들을 생산하는 것이다. 그러한 몰두 상태에 빠져 있는 사람들은 아무리 해도 충분한 정보를 얻을 수 없다』고 데 무아네스(Des Moines)에 있는 한 통신회사에서 근무하는 셀저(J. Ann Selzer)는 말한다. 『온라인 서비스는 필요에 따라 사진, 드라마 뒷얘기, 공동체 대화 등등을 제공하여 적절한 조치를 취해준다』라고 그녀는

설명한다. 18)

다시 말해서 온라인 서비스는 여러분이 스크린에 참여하게끔 해 준다. 그들의 미끼는 참여라는 환상이다. TV를 보면서 수동적으로 앉아 있는 대신, 여러분은 스튜디오로부터 기자회견 자료집을 주문하거나 스타들의 사진을 업로드시키거나 〈비버리힐스 90210〉에 나오는 브랜든의 새로운 머리 스타일을 비난하거나 또는 〈X-파일〉의 팬들이 앤더슨(Gillian Anderson)을 위해 최근에 그랬던 것처럼 임신한 TV 여배우를 위해 온라인 아기 선물 파티를 계획할 수 있다. 간단히 말해서 여러분은 쇼의 일부가 될 수 있다.

이는 애처로운 만큼이나 심술궂게도 매력적인 현상이다. 군중 속에서 자신의 얼굴이 한 번 비춰지기를 소망하는 엑스트라들처럼 우리는 우리가 참여한다는 사실에 너무나도 황홀해져서 우리가 참여하고 있는 것이 무엇인지는 거의 신경을 쓰지 않는다. 미노우(Newton N. Minow)의 TV에 대한 묘사를 인용하자면「거대한 쓰레기장」은 변하지 않았지만, 이제는 TV 작가들이 일주일 동안 전국적으로 이야기될 화제거리를 위해 우리의 모임에 접근하여 우리의 유령 같은 대화들을 소리 없이 청취하고 있다. 따라서 지금은 우리의 수다가 고요에 생기를 부여한다. 19)

물론 이 모든 것은 디지털 혁명을 둘러싼 아찔한 현상들을 전부 그대로 받아들이기보다는 많은 부분을 에누리해서 들어야만 한다는 것을 시사한다. TV와 컴퓨터의 일원화는 잠자고 있는 창조적인 사람들을 깨우는 대신 새로운 종류의 전자 테마 공원, 즉 우리가 경탄하는 관중의 역할과 경탄받는 대상의 역할을 모두 하는 테마 공원을 개장하였다.

길더가 예측한 대로 민주주의를 강화하는 대신 새로운 과학기술

은——〈아이들과 결혼하다(Married With Children)〉의 시청자들
이 제공하는 정보를 수백만 건의 대화로 굴절시킴으로써——우
리가 전자 환영들의 삶에 대해 전자 동료들과 이야기하면서 시간
을 보내는 것을 가능하게 만들어 왔다. 우리에게 능력을 부여하는
대신, TV 문화를 확대하고 이미 확보하고 있는 우리의 삶에 대한
점유권을 강화함으로써 통신망과 그 광고주들에게 능력을 부여해
왔다.

『이 새로운 과학기술은 우리를 지배하고 있다. 우리가 그것을
지배하고 있는 것이 아니다.』작가이자 레이건 대통령의 연설원
고 작성자였던 누난(Peggy Noonan)과 같은 가상 현실에 정통한
권위자는 말한다. [20] 이는 반박하기 어려운 결론이다.

이렇게 실제 사실들이 디제라티의 꿈과 모순된다면 왜 우리들은
그들의 이야기에 계속 귀를 기울이는가? 왜 우리는 애리조나의
존재하지도 않는 토지를 속아서 구입하는 동양인들처럼 존재하지
않는 그들의 새로운 부동산에 기록적인 숫자로 계속 투자를 하는
것인가? 새로운 과학기술들이 인간 본성의 욕구에 반대되게 운영
되고 있다면 모든 아이들이 사이버 스페이스에서 성장하는 지금
왜 수동적으로 방관만 하고 있는가? 굳이 그 변명을 하자면, 거
의 그 시초부터 디지털 혁명을 둘러싸고 있는 선전, 즉 불가피성
이라는 오랜 기간을 거친 개념에 근거한 선전 때문일 것이다.

나의 처남은 새로운 가상 과학기술이 불가피하다고 믿고 있
다. 공상가들은 내게 사이버 스페이스 공동체들은 불가피하다고
말한다. 세계의 위치를 표시하는 팔목시계, 그리고 호출자의 음
성 프린트를 인식하여 연결된 사람이 누군지에 따라 그 전화를 접

수하거나 거부할 수 있는 전자 수신장치들은 불가피하다고 한다. 컴퓨터 설계자 피터스(Carol Peters)와 헐리우드 제작자 애플(Jeff Apple)은 일부는 디즈니랜드 스타일의 테마공원이고 일부는 세사미 스트리트(Sesame Street)인 어린이용의 쌍방향 TV 서비스를 개발하였다. 그들의 회사인 다빈시 타임 앤 스페이스사는 『아이들이 놀이를 하거나, 비디오를 보거나 학습을 하거나, 아니면 쌍방향 케이블 시스템에 유사한 방법으로 접속한 다른 아이들과 그냥 함께 어울릴 수 있는 컴퓨터화된 「공간」[21]을 제공할 것이다.』 피터스는 어린이를 위한 이런 종류의 전문화된 서비스가 불가피하다고 생각한다.

나는 이것이 어리석은 소리라고 생각한다. 불가피성이 항상 미덕으로 간주되어 온 것은 아니지 않은가. 최근까지 삶에 있어서 불가피하고 유일한 것들은 죽음과 세금뿐이었으며, 지금 우리는 이 짧은 목록에 디지털 서적들, 가상의 사무소, 그리고 어린이들을 위한 컴퓨터화된 운동장의 개발이라는 것을 추가해야만 하는 것이다. 『아이들은 사이버 스페이스에 익숙해 있다』라고 과학기술 및 매체 연합(Technology and Media Group)의 편집장인 카루소(Denise Caruso)는 주장한다. 『가상 사회라는 전반적인 개념은 성인들에게는 놀라운 것이지만 아이들에게는 숨쉬는 것처럼 익숙한 것이다.』[22]

우리들에게는 다음과 같은 두 가지의 선택이 남아있다. 그 첫번째로 우리는 아이들이 농장 물웅덩이의 행복한 물고기들처럼 이미 즐겁게 뛰놀고 있는 그 세계와 접촉하지 않은 채 그냥 옆에 서서 방관하며 실제의 공룡이 되어 가는 우리 자신을 바라보는 것이다. 아니면 많은 아주 고가의 장비들을 구입하는 것이다. 사이버 스페이스 운동장이 필요한지 아니면 좋은지 여부——실제로 그게 타당한지 여부——를 (개인적으로나 공개적으로) 의아해하는 것은 선택 사항에 들어 있지도 않다.

왜 그러한가? 마케팅 전략상 불가피하다는 분위기가 잘 들어맞기 때문이다. 불가피성은 명령에 의해 어떤 것이 논의의 대상이 될 수 있는지를 결정한다. 불가피성은 가능성 여부에서 언제라는 시기의 문제로, 좋은가 하는 문제를 비용의 문제로 질문을 바꿈으로써 운동장을 변경한다. 이것이 왜 아무도 아이들이 사이버 스페이스에 쏠리게 될 가능성에 대해 생각해 본 적이 없는지 설명해 줄 것이다. 8살 미만의 아이들은 현실과 환영을 구별하기 힘들기 때문에 넓은 귀를 가진 코끼리들이 날 수 있다고 믿는 것과 똑같은 이유로 사이버 스페이스에 「자연스럽게」 몰두하고 있다. 그리고 아이들의 감수성이 반드시 어른들에게나 아이들에게나 그것의 가치를 알려주는 척도는 아니라는 것을 지적한 적이 없는지 설명해 줄 수도 있다. 아이들은 자연스럽게 사이버 스페이스로 쏠리는가? 아이들은 또한 짜고 하는 권투 시합에 자연히 쏠린다. 그리고 아이들은 코코아 슈크림에 사족을 못쓴다. 그래서 뭐란 말인가?

역사상 새로운 과학 기술이 이처럼 효과적으로 판매된 경우는 매우 드물다. TV의 출현 이래로 그런 터무니없는 주장들이 과학 기술 판매에 이바지한 적도 없다. 내가 알기로 경고와 불만의 목소리들을 그렇게 철저하게 뭉개버린 자는 아무도 없었다. 우리는 하나의 문화로서 신시대의 제품들을 모조리 사들여 온 것 같다. 우리는——우리에게 그것은 거의 하나의 신조이다——정보고속도로가 모든 것을 더 쉽고 더 빠르고 더 좋게 만들어 주며, 우리

(그리고 우리 아이들)를 더 지적이고 더 상상력이 풍부하며 더 창의적으로 만들어 주리라 믿는다. 23) 또한 만일 우리가 제인이나 조니에게 글 읽는 법을 가르치고 싶다면 ABC 블럭이나 어린이용 초보 독본으로는 안되리라는 것을, 만일 그 애들이 하버드 강당에 들어서길 원한다면 모든 장치를 갖춘 3,000달러짜리 컴퓨터가 필요하리라는 것을 인정한다. 사실 우리는 최면술에 걸린 상태처럼 되어 버렸기 때문에 마이크로 칩이 발명되기 전에도 읽고 쓰는 능력이 존재했었으며 광섬유 케이블이 도달되기 훨씬 이전에도 상상력은 꽤 잘 발휘되고 있었다는 사실을 기억하기 위해 우리 스스로를 단단히 단속해야만 한다.

일부 사람들의 예상대로 진정한 디제라티들 사이에는 컴퓨터가 거의 모든 것을 갖추고 있다고 생각하는 경향이 점점 더 새로와지고 고무되어 절정에 달하고 있다. 예를 들어 시애틀에 있는 워싱턴 대학에서 학생들을 가르치고 있는 사이버 스페이스 이론가 스텐저의 경우 사이버 스페이스에서 시간을 보내는 것은『빛, 깊이에 대한 우리의 감수성을 변화시키고 우리의 꿈을 더 생동감 있게 만들어 주며 언어에서의 은유의 이용을 촉진시키고… 행복감을 유발하며 또한 직관력을 증대시켜 준다』라고 한다. 그러나 그녀는 『계시와 구체화의 이러한 힘은 많은 이들에 의해 극도의 외설로 느껴지게 될 것』이라고 경고한다.

왜일까? 많은 세력들에게 있어 상상의 자유는 두려움의 대상이며 사이버 스페이스는 상상의 자유에 대한 모든 것이기 때문이다. 『히틀러와 스탈린 모두 동화책 출판을 금지했다고 하는 것을 잊지 말아야 한다』라고 그녀는 불길하게 결론을 맺는다. 24) 사이버 스페이스는 상상의 영역이다. 전체주의 체제는 상상을 증오한다. 그러므로 사이버 스페이스에 반대하는 사람들은 전체주의적 경향을 가지고 있는 것이다.

이는 이성적인 사람들조차도 그들의 책을 덮고, 독일 병정처럼 행진하고 있는 자유 증오자들과 정신 공화국을 행군하고 있는 과학기술 반대주의자들과의 전쟁을 준비하도록 만들기에 충분하다. 그러나 기다려라! 사이버 스페이스가 자유, 아니면 동화와 어떤 특별한 관계를 갖고 있는가? 그렇지 않다. 사이버 스페이스는 편지 쓰는 일 이상으로 언어에서의 은유의 사용을 촉진시키는가? 아니다. 그렇다면 마지막으로, 사이버 스페이스가 상상력과 어떤 관계가 있는가? 물론 관계가 있긴 하지만 스텐저가 말하는 그런 식의 관계는 아니다.

사실 스텐저는 잘못 말한 것이다. 상상력에 대한 진짜 위협은 컴퓨터에 반대하는 사람들의 어떤 숨겨진 음모에서 나오는 것이 아니라, 오히려 그녀 자신과 같은 사람들로부터 나온다. 컴퓨터 게임이 상상력의 마지막 요새라고 우리에게 확신시키려할 만큼 건방지거나 아니면 어리석은 과학기술 애호가들 말이다.

상상력처럼 변화무쌍하고 방대한 것의 생존이 과학기술——어떤 과학기술이든—— 의 성공에 달려 있다고 주장하려는 것이 진정 독재적인 것이다. 또한, 가상 현실로의 진입이 반드시 좋은 일만은 아닐 수도 있다고, 특히 젊은이들에게는 더욱 그러하다고 주장하는 사람들을 파시스트라고 매도하려는 시도가 독재적이며 위험하다. 25)

이 모든 것을 분명히 보여주는 것이 있다. 〈뉴요커〉지에 게재된 최근 IBM 컴퓨터의 광고를 살펴보라. 머리를 길게 땋아 늘이고 작업복을 입은 8살 짜리 귀여운 여자아이가 독자를 올려다보고 있다. 그녀의 머리 위, 페이지 윗부분에는 다음과 같은 문구가 적혀 있다. 「내게 CD-ROM이 장착된 PS/1이 있다면 모나리자와 그랜드 캐년, 다비드 상, 중국의 만리장성 —— 그리고 시간을 거슬러 올라가서 벨에어의 프레쉬 왕자(The Fresh Prince of Bel-Air) —— 를 볼 수 있을 텐데.」 이 문구 바로 밑에는 칼라 화면에 어떤 중세 건축물의 그림을 보여주고 있는 PS/1의 축소판이 있다. 이는 키보드가 달린 TV처럼 전혀 위협적이지 않으며 친근해 보이기까지 한다.

이 그림에 무엇이 잘못되었을까? 그 한 가지로, 이는 바론이 설명한 정보중독자의 이상한 나라를 상기시킨다. 소녀에게 있어 한 프로그램이 끝나는 동시에 다른 프로그램이 막 시작하고 있다 —— 실제로 만약 그녀가 컴퓨터와 TV가 하나로 된 컴팩 프레자리오(Compaq Presario)를 갖고 있다면 화면을 바꾸어야 할 필요조차도 없을 것이다. 또다른 한 가지는 그것이 엄마와 아빠가 예산 면에서 가장 압박을 받고 있는 대여 도서관도 각 주제별로 12권의 도서를 무료로 제공한다는 사실을 깨끗이 무시하고, 비자 카드로 PS/1을 사주는 것만이 아이가 이러한 경이로운 것들을 볼 수 있는 유일한 방법이라고 암시하고 있다는 점이다. [26] 마지막으로 광고에서 지적하지 못하고 있는 것은 한 화면에서 다음 화면으로 넘어갈 때 다비드상이 벨에어의 프레쉬 왕자로 흐려져갈 때 그 둘 사이의 구분이 약해진다는 사실이다. 모나리자와 그랜드 캐년은 사실상 또다른 쇼가 되어 버린다. 세계가 TV 시트콤의 최소 공통분모로 축소되는 것이다. [27]

컴퓨터 전문가들이 컴퓨터 표현물들 —— 또는 기타 다른 전자 표현물들 —— 의 세계가 개인의 상상력을 무디게 하는 효과를 줄

수 있다는 사실에 대해 언급하려고 하지 않는다는 점은 이해가 갈
법도 하다. 소설가 비커츠(Sven Birkerts)가 주장해온 대로 상상력
은 움직일 여지를 필요로 한다. [28] 물리적인 세계와 접촉하면서,
또한 책이 갖는 여백과 침묵 속에서 상상력은 마음대로 배회하고
창조하며 번성할 수 있다.

TV 쇼(또는 컴퓨터 프로그램)라는 밀실 공포증의 지나치게 단
호한 세계에는 몸을 흔들 공간이 없다. 모든 것이 제공되어 있
다. 여기서 우리는 다음과 같은 결론에 이르게 된다. 가장 정교한
컴퓨터 프로그램도 개인의 상상력에 이용할 수 있는 무료의 다양
한 선택사항들을 제공할 수 없으며, 연필을 작살로, 테이블을 돛
대가 세 개 달린 스쿠너로 바꿀 수 있는, 상상력이라는 재능의 완
벽한 경이로움과 필적할 수 없다는 사실이다. 콜롬비아 대학 사범
대에서 교육사 교수로 있는 슬로안(Douglas Sloan)이 지적했듯
이, 그것이 할 수 있는 일은 상상력을 구속·제한하고, 특정한 경
로만을 따라 걸어가도록 강제하며, 근본적으로는 상상력을——
그리고 그것과 함께 우리를—— 과학기술의 기능으로 축소시키는
것이다. [29]

내가 디지털 혁명에 대해 파악한 바를 대략적으로 말하자면, 주
는 것은 아주 적으면서 너무 많은 것을 요구한다는 것이다. 디지
털 혁명이 제공하는 것은 정보, 넘치고 넘쳐나는 정보, 그리고 새
로운 추상적인 종류의 「접촉성」뿐이다. 그리고 그 대가로 우리의
충절을 물리적인 세계에서 가상의 세계로 옮길 것을 요구한다. 이
는 공평치 못한 거래이다. 그것이 우리의 생물학적 욕구를 무시해
서가 아니라, 우리의 자율성을 제한하기 때문이다.

결국 조정되지 않은 현실이 민주적인 것이다. 우리는 각각 미묘

하게 서로 다른 방식들로 세계를 경험한다. 이러한 다양성은 독립성의 토대일 뿐 아니라, 전제주의에 대한 방벽이다. 반면에 표현물들—— 특히 대량 생산되는 전자 표현물—— 은 다양성을 제한한다. 그들이 제공하는 「개인 선택사항들」의 범위가 아무리 커도, 그들은 동일화시키는 세력이다. 다시 말해서 그것들은 우리를 개인들에서 하나의 관중으로 바꾸어 놓는다. 그리고 이런 것은 위험한 일이다. 이는 조작의 씨앗을 유발할 뿐 아니라—— 점점 더 동질화될수록 조작하기가 쉬워진다—— 어느 지점에 이르면 우리들 스스로가 개인적인 판단의 정밀함에 낯설어져서 대중의 견해를 우리의 자신의 것으로 오해하게 될 수도 있음을 암시한다.

이것이 바로 우리가 직면하고 있는 위협인 듯 싶다. 실제만큼이나 완벽한 전자 표현물들 사이에서 우리는 집단적으로 근사치나 재현은 일종의 거짓이라는 사실을 잊게 될 것이다. 또한 거짓은 아무리 사소한 것일지라도 진실에 대한 적대적인 또는 무관심한 분위기를 창출하는 경향이 있다는 사실을 보지 못하게 될 것이다. 다시 말해서 우리는 한 회사의 가상의 우두머리는 우두머리가 아님을, 가상으로 죽은 것은 살아있음을 뜻한다는 것을, 가상으로 참이거나 가상으로 진짜인 어떤 것은 거짓이라는 사실을 잊게 될 것이다. 포장된 상태로 또는 간접적으로 우리에게 도달되는 현실의 양이 계속 증가됨에 따라 우리는 점점 더 중개되지 않은 현실을 두려워하게 될 것이다. 점점 더 고립되어 갈수록 우리는 처음에는 위안을 위해, 그리고 결국에 가서는 미쳐 버리지 않기 위해서 과학기술들에 의존하게 된다. 그리고 우리와 우리가 살고 있는 적대적인 세계 사이에 설 것을 제의하며, 우리에게 그럴듯함과 허구와 우리가 의지하게 된 완전한 거짓들을 제공하며, 직접 경험의 무서운 분위기로부터 우리를 보호해 주는 사람들에 의존하게 된다.

　가상의 위기로부터 되돌아 나오려면 어떻게 해야 하는가？ 내 생각으로는 어떤 순박한 또는 단일한 진실을 거듭 강조함으로써 —— 전국의 우익열광자들이 선호하는 해결책 —— 도 아니고 일반적인 표현물들에 반대하는 어떤 세속적인 형태의 회교도적 명령을 제정함으로써 가능한 것 같지는 않다. 그보다는 일반적인 진실에 대한 우리의 신뢰를 회복시킴으로써, 또 진실이 가지는 중요성을 인정함으로써, 다시 한번 진실을 추구하는 데 몰두함으로써 시작할 수 있다고 생각한다. [30] 그리고 어떤 방법으로 그렇게 하는가？ 될 수 있는 대로 원래의 것들로 되돌아감으로써, 진리와 그리고 진리에 대한 존경은 어느 정도 현실에 대한 존경과 연결되어 있으며 현실에 대한 존경은 물리적인 세계와 가까운 삶에 달려있다는 사실을 인정함으로써 할 수 있다. 다시 말해서 우리가 필요한 것은 생활방식면에서뿐만 아니라 감성면에서 우리를 추상개념들에 대한 과도한 종속으로부터 자유롭게 해줄 수 있는 혁명이다. 과학기술의 중재적 영향력을 통해서가 아니라 직접적으로, 그리고 우리의 힘으로 경험할 수 있는 것들 —— 본질적인 것들 —— 에 우리 자신을 다시 연결시켜 줄 수 있는 그러한 혁명이다.

　본질주의가 제안하는 것은 —— 그리고 이는 매우 중요한데 —— 급진적인 것이 아니다. 새로운 것도 아니다. 그것이 옹호하는 것은 어떤 용감하고 새로운 세계의 창조가 아니라 작은 몸짓들, 이따금 TV를 끄는 것만큼이나 중요치 않은 몸짓들을 통해 이루어지는 가상 세계에 대한 거부이다. 아니면 친구와 산책을 나가거나 그물침대에 누워 아침을 보낸다거나, 어떤 사회적 문제에 개인적으로 참여한다거나 비망록보다는 대면 회의를 강조하는 등.

동기는? 유토피아는 분명 아니다. 그렇다고 해서 파라다이스가 다시 복원되기를 희망하는 것도 아니다. 필시 거짓과 반 진실(half-truths)의 그물에 얽혀있다가 깨끗해졌을 때 얻게 되는 정신적 행복감 같은 것일 것이다. 우리가 얻으려는 것은 세계와의 올바른 관계, 우리 삶에서 다시 새로워진 청명감일 뿐이다. 우리는 우리가 속한 곳이 어디인지, 우리가 누구인지, 그리고 우리의 우선 과제가 무엇이어야 하는지를 알게 될 것이다(최소한 그러한 것들을 알 수 있는, 보다 나은 기회를 갖게 될 것이다). 그런 능력을 부여받음으로써 우리는 경계 제거자들이 우리에게 유포시키는, 보다 정교한 선전들을 잘 식별하여 거절할 수 있게 될 것이다.

몇 가지 긍정적인 조짐이 보이고 있다. 한가지만 예를 들자면 건축학 및 도시 계획 분야에서는 오락, 일, 교제 등의 영역들과는 거리가 먼 원자화된 독신 가정들이 사라져가고 있다. 협동 및 준공동체 생활방식에 관한 스웨덴과 벨기에의 실험들에서부터 플로리다의 「해변지역」에 이르기까지 계획자들은 증가하는 변화의 요구, 즉 상점과 학교와 공원들이 모두 걸어서 닿을 수 있는 거리에 있는 공동체, 물리적 배치가 이웃들 사이의 대화를 저해한다기보다 오히려 조장하는 그런 공동체로의 회귀를 꾀하고 있다. 쇼핑몰들은 중심가로 대체되고 있다. 저택 내의 차도가 뒷골목으로 옮겨지고 있다. 현관과 넓은 인도가 다시 되돌아오고 있다.

『인간의 발달은 인간을 그의 동료들과의 관계로부터 점점 더 멀리 떼어놓고 있으며, 이는 그 인간을 점점 더 살아 있는 것보다는 죽은 것들과 함께 살아가도록 운명짓는 듯하다』라는 글을 극 비평가이자 자연주의자인 크루치(Joseph Wood Krutch)가 1949년에 썼다. [31] 이를 받아들이길 꺼려하는 사람들의 수는 적지만 점점 증가하고 있는 듯하다.

과학기술 반대주의자들도 네오 러다이트들도 신시대 청교도들도 아닌 이런 사람들은(그들 중 많은 이들은 과학계 종사자들을 존경하고 있다) 단지 진보——우리를 풍경과 또 서로로부터 멀리 떼어놓는 개념 및 과학기술들과 오랫동안 연관된——가 인간의 필요에 따라 재정렬되어질 것을 요구하고 있을 뿐이다. [32] 그들은 우리에게 판매되는 기계들을 다시 살펴보고 어느 것이 좋고 유용한지, 그리고 어떤 것이 그렇지 못한지, 어떤 것이 개인적으로나 문화적으로나 우리의 생활을 향상시켜 주는지, 그리고 어떤 것이 그렇지 못한지 묻고 있다. 그리고 점점 더 많이 우리에게 좋은 기계들은 사회적 또는 자연적 세계를 대신하려 하지 않거나 우리에게서 우리의 박탈하려 하지 않는 것들임을 깨닫고 있다.

물론 회의론자들은 극소수이며, 최소한 당분간은 그들이 더 많아질 것 같지는 않다. 결국 디지털 혁명의 여세는 만만치 않다. 디지털 혁명이 그 주창자들에게 제공하는 재정적 자극은 엄청나다. 환영들에 대한 우리 자신의 친숙함도 확고부동한 상태로 자리잡고 있다. 마지막으로, 역사 그 자체도 고무적이지 못하다. 거의 50년 전 화이트(E. B. White)는 무서울 정도로 정확하게 우리의 진로를 예측했다. 그의 예측, 우리가 그것을 수행하도록 이미 결정되어 있었던 듯한 그 예측은 깨어있지 못한 이들에게는 경고로써, 아직 배선으로 연결되지 않은 상태에 있는 이들에게는 자극으로써의 역할을 훌륭히 해내고 있다.

『그리 멀리 않은 미래에 과학기술은 우리로 하여금 2차적인 것들과 멀리 떨어져 있는 것들을 선호하게 하여 근본적인 것과 가까이 있는 것들을 잊게 할 것이다』라고 그는 말했다. 『우리가 컴퓨터화된 개념, 음향, 영상들에 익숙해감에 따라——멀리 허공에서 들려오는 가공의 문 닫는 소리, 불빛 속에서 보여지는 왜곡된 얼굴——이들이 실제의 것, 그리고 참으로서 출현할 것이다. 그리고 우리가 우리 자신의 방문을 쾅하고 닫거나 또다른 이의 얼굴을 들여다 볼 경우 그 감동은 단순한 책략의 의미를 지니게 될 것이다. 나는 진정한 사실의 세계가 속임수가 되어 버리는 시대를 보고 있다. 모든 것이 뒤바뀌고, 우리가 정상적인 사람들의 움직임이 뱀장어의 미친 몸부림처럼 보이는 실성한 자들처럼 되어 버리는 그런 시대이다』라고 화이트는 결론지었다. [33]

그 시대는 우리가 생각하는 것보다 일찍 올 수도 있다. 몇몇 사람들은 이미 화이트가 말했던 세계에 거주하고 있으며, 나머지 우리들은 그 문앞에 서 있다. 그곳에 들어설 것인지 아니면 실제 세계에 남아 있을 건지는 궁극적으로 다른 누구도 아닌 바로 우리에게 달려 있다.

주(註)

1) 장기적으로 볼 때 디지털 혁명이 괜찮은 사업인지 아닌지 여부는 매우 논란의 여
지가 많다. 인터넷상에서 광고함으로써 실제 상점들이 위협을 받고 있다는 점과
생산성이 쓸데없이 최첨단 장비들과 사무 컴퓨터 게임들에 허비된다는 점 외에
도, 회사들이 사이버 스페이스로 이주해 가고 있기 때문에, 예를 들어 IBM과
AT&T사에 의해, 수천 명의 직원들이 해고되는 문제가 발생한다. 『사이버 스페이
스는 월마트가 시작한 것을 마무리할 것이다.』 메사츄세츠, 암헤르스트에 있는 공
공 정책 연구소인 로카 연구소의 소장 스크로브(Richard Sclove)는 이렇게 말한
다. John Markoff, "Staking a Claim on the Virtual Frontier", *New York Times*, 2
January 1994 참조. 디지털 혁명의 재정 및 인적 비용에 대한 보다 자세한 정보는
Kirk Johnson, "Hi-Tech Mobile Workers Transform the Face and Culture of
Companies", *New York Times*, 8 February 1994 참조.

2) 여기서의 나의 주장은 Virginia Abernathy, "Optimism and Overpopulation", *At-
lantic Monthly* (December 1994) : 91과 동일하다.

3) Walter B. Wriston, *The Twilight of Sovereignty : How the Information Revolution Is
Transforming Our World* (New York : Scribner's, 1992) ; Robert Reich, *The Work
of Nations : Preparing Ourselves for 21st-Century Capitalism* (Knopf, 1991). 리스
톤과 레이크의 경우, 정보 혁명은 시장 점유율을 높이고 경계의 붕괴를 촉진하며
이미 버튼 하나로 세계를 두루 돌아다니고 있는 자본의 거대한 바람들을 통제하는
것이다. Howard Rheingold, *The Virtual Community : Homesteading on the Elec-
tronic Frontier* (New York : Harper Perennial, 1993).

4) 오늘날의 과학기술 전도사들 중 많은 이들이 실제로 변절한 환경론자들이며, 또
한 현실 세계와 그것이 가진 문제들이 너무 절망적이라고 생각하여 다른 곳에서
에덴을 찾기로 결심한 1960년대의 반문화 인사들이라는 사실은 충격적이기까지 하
다.

5) E. O. Wilson, "Biophilia and the Conservation Ethic", in *The Biophilia Hypothesis*,
ed. Stephen R. Kellert and Edward O. Wilson (Washington : Island Press, 1993),
32 ; Robert L. Park, "Genetics and the I of the Universe", op-ed, *New York Times*,
16 August 1993.

6) 여기서 가장 중요한 문제는 과학기술 진보의 속도이다. 신석기 시대 원시 가죽
벗기는 도구 아래 모든 과학은 진짜의 영역을 제한해 왔다 — 바로 그것이 과학기

술들의 목적이었으며 오늘날에도 여전하다. 그럼에도 불구하고 충격적인 것은 250만 년 동안 인간의 눈에는 보이지 않을 정도로 완만했던 도구의 발전이 현세기에 엄청난 속도를 내기 시작했다는 점이다. 사실, 이러한 가속화는 인간의 역사이래 내내 쌓아졌던 것으로 보인다. 각각의 과학기술 시대는 그 이전의 시대보다 그 지속 기간이 짧았다. 이 모든 것들이 다음과 같은 두 가지 문제를 제시한다. (1) 변화의 속도가 우리의 적응력을 앞질러왔다는 점, (2) 과학기술이 현실 세계를 정복하는 데 점점 더 능숙해짐에 따라 현실 세계를 전부 대체할 수 있는 지경에 이르게 되었다는 것이다.

7) Winifred Gallagher, *The Power of Place : How Our Surroundings Shape Our Thoughts, Emotions, and Actions* (New Yrok : Poseidon Press, 1993) ; Orr quote from William K. Stevens, "Want a Room with a View ? Idea May Be in the Genes", *New York Times*, 20 October 1993.

8) Anne Raver, "Patients Discover the Power of Gardens", *New York Times*, 29 December 1994.

9) Daniel Goleman, "Stress and Isolation Tied to a Reduced Life Span", *New York Times*, 7 May 1993 ; Lauren K. Ayers, "Cancer Activists Boost Immune Response", letter to the editor, *New York Times*, 11 November 1994.

10) Brent Staples, "Life in the Information Age : When Burma-Shave Meets Cyberspace", Editorial Notebook, *New York Times*, 7 July 1994.

11) Peter H. Lewis, "In Cyberspace, a High-tech League of Their Own", *New York Times*, 5 April 1994 참고.

12) Brent Staples, "The End of Solitude : Thoreau Says 'No' to Beeper Bondage", Editorial Notebook, *New York Times*, 14 June 1994.

13) James Gleick, "The Telephone Transformed – into Almost Everything", *New York Times Magazine*, 16 May 1993.

14) Neil Postman, *Technopoly : The Surrender of Culture to Technology* (New York : Vintage, 1993), 60.

15) "The Great Escape from Silicon Valley", in "The Executive Life", *New York Times*, 27 February 1994 ; Timothy Egan, "It Takes Time to Build a Xanadu for Citizen Gates", *New York Times*, 12 January 1995.

16) George Gilder, *Life After Television : The Coming Transformation of Media and American Life* (New York : Norton, 1992).

17) James Barron, "A New Species of Couch Potato Takes Root", *New York Times*, 16 November 1994.

18) 상동.

19) 미노우의 「거대한 쓰레기장」이라는 표현은 연방통신위원회 의장이었던 1961년의 유명한 연설에서 나온 것임.

20) Bryan Miller, "No Spare Moments in the High-Tech Life", *New York Times*, 25
   April 1994에서 인용. 밀러의 설명대로 통신 혁명이 가져온 과도한 자극에 대한 반
   발이 문화 전반에 나타나고 있다.

21) John Markoff, "Interactive Video Setup for Children", Company News, *New York
   Times*, 29 March 1994. 사이버 스페이스에서 「사회화」하는 어린이들이라는 이상
   한 개념이 광고의 주제이다. 사실, 최근의 광고들은 컴퓨터 프로그램들이 전문적
   으로 아이에게 사회적 기술들을 가르쳐줄 것이라고 주장하기까지 한다.

22) 상동. 카루소(Denise Caruso)는 컴퓨터업계의 이성적이고 균형있는 대변자들 중
   한 사람으로서, 과학기술 전도사들의 터무니없는 예측들에 대한 일종의 이성적 평
   형추로서의 역할을 담당해 왔다. 예를 들어, Denise Caruso, "Ahead of Ourselves",
   Wall Street Journal, 15 November 1993 참조.

23) 물론 지식이 어떤 방식으로 해석되는가 하는 것은 또다른 문제이다. 현재 통용되
   고 있는 개념들 중 하나가 「시각적으로 읽고 쓰는 능력(visual literacy)」로서 이는
   최근까지 「문맹」으로 알려졌다.

24) Nicole Stenger, "Mind Is a Leaking Rainbow", in *Cyberspace : First Steps*, ed.
   Michael Benedikt (Cambridge, Mass. : MIT Press, 1991), 57.

25) 디제라티의 호전성은 주목할 만한 가치가 있다. 예를 들어 최근 〈와이어드〉지와
   의 인터뷰에서, 통신 전쟁의 고참자이자 TCI 의장인 마론(John Malone)은 정보고
   속도로가 1996년 말까지 실행되게 할 수 있는 최상의 방법은 누군가가 FCC(미국
   연방통신위원회)의 우두머리를 총으로 쏴 버리는 것이라고 했다. 농담이라고 변명
   할 수 있는 기회가 주어졌을 때도 그는 농담이라고 변명하길 거부하였다. 간단히
   말해서, 진정한 전도사들은 느긋한 무리들이 아니다. 열광적 추종자들이 아닌 사
   람들을 능욕하고 조소하며 비난하는 그들의 경향은 주목할 특성들 중 하나이다.
   David Kline, "Infobahn Warrior", *Wired* (July 1994) 참조.

26) 여기서의 명백한 사안은 — 이는 반복할 만한 가치가 있는 요점이다 — 이윤이다.
   대여 도서관, 운동장, 개인의 상상력, 우리가 이웃과 나눌 수 있는 대화 — 이 모
   든 것들은 무료이고 또 누구나 이용할 수 있다. 컴퓨터는 돈이 든다.

27) Walter Benjamin, *Illuminations* (New York : Schocken Books, 1969) 참조. 벤자
   민의 고전적 에세이 "The Work of Art in the Age of Mechanical Reproduction"은
   기계적 복제품이 원래 예술 작품의 분위기를 망가뜨려 왔다고 주장한다. 벤자민의
   에세이는 다음과 같은 매우 중요한 질문을 던진다. 예술품처럼 현실이 그 분위기
   를 도둑맞을 수 있을까? 나는 그렇다고 생각한다. 그리고 이미 상당 정도까지 진
   전되었다고 생각한다.

28) Sven Birkerts, "Refuse It", in "The Electronic Hive : Two Views", *Harper's
   Magazine* (May 1994). 비커츠의 감동적인 에세이는 곧이어 나온 저서, *The Guten-
   berg Elegies : The Fate of Reading in an Electronic Age* (New York : Faber and
   Faber, 1994)에서 개작되었는데, 유감스럽게도 너무 늦게 나와서 읽어보지 못

했다.

29) 학계 내에서 나오는 경고의 목소리들에 대한 것은 Colleen Cordes, "Technology as Religion?", *Chronicle of Higher Education*, 27 April 1994 참조.

30) 하벨(Vaclav Havel)은 평생 같은 주제를 설득력 있게 제시해 왔다. 진리 추구에 대한 전념의 중요성이 그의 생애와 연구의 중심 사상인 듯 하다. 그런 이유로「보편적 해결 방안들」에 대한 그의 설명은 특히 인용할 만한 가치가 있다. 「세계에 대한 인간의 태도는 완전히 바뀌어야만 한다. 세계가 단지 풀어야 할 수수께끼, 발견되길 기다리는 사용 안내서가 달린 기계, 조만간 보편적 해결 방안을 찾으리라는 바램으로 컴퓨터에 공급되는 정보에 불과하다는 오만한 믿음을 버려야만 한다.」Vaclav Havel, the World Economic Forum, Davos, Switzerland, 4 February 1992에서의 연설, "The End of the Modern Era", op-ed, *New York Times*, 1 March 1992에서 발췌.

31) Joseph Wood Krutch, *The Twelve Seasons : A Perpetual Calendar for the Country* (New York : William Sloane, 1949), 11.

32) 자연과 문화의 재해석을 지지하는 가장 강력하고 우아한 주장들 중 하나가 Donald Worster's *The Wealth of Nature : Environmental History and the Ecological Imagination* (Oxford : Oxford University Press, 1993)이다. 과학기술의 진보에 대해 어려운 질문들을 던지고 있는 학계 인사들에 대한 내용은 Cordes, "Technology as Religion?" 참조.

33) E. B. White, "Removal", reprinted in *One Man's Meat* (New York : Harper Colophon, 1983), 3.

용어 해설

『사이버 스페이스는 그 정의상 아직은 초보적인 수준에 있다. 어휘집도 계속 형성되어가고 있는 단계이며, 기존 정보 테크놀로지의 가상 세계 실행물들과의 관계도 아직 명확하지 못하다.』 워싱턴 대학 휴먼 인터페이스 테크놀로지 연구소의 연구학자인 브리켄(Meredith Bricken)은 이렇게 적고 있다. 사실이다. 다시 말해서 가상 현실은 자체의 가상 언어, 각양각색의 동사적 명사들, 다음절 두문자어들, 후기구조주의적 전문용어와 대중문화에 의해 생성된 기이한 모음변화, 정보 이론과 인포테인먼트(infotainment) 등을 낳아왔던 것 같다. 나는 이 모든 것들을 될 수 있으면 사용하지 않기 위해 최선을 다하였다. 그럼에도 배선으로 연결되지 않은 이들과 벌떼에 속하지 않은 이들을 위한 과학기술적 논의에 대한 골자만 간추린, 매우 주관적인 지침이랄 수 있는 몇몇 용어들은 쓰지 않을 수 없었다.

가상 섹스(virtual sex)　　사이버 섹스 참조.

가상 현실(virtual reality)　　증대된 현실 및 합성공간으로도 알려져 있다. 사이버 스페이스와 혼용되기도 하는데, 정의가 애매한 용어이다. 보다 정확히 하자면 컴퓨터에 접속함으로써 진입이 가능한, 철저히 감각적일 것으로 기대되는「거주」환경을 말한다. 컴퓨터는 실제 존재와 전혀 구분이 불가능한 환경을 생성해 낼 것이다. 가상 현실의 원시적인 원형이 이미 존재하고 있다.

네트(Net)　　수백만의 컴퓨터들이 전세계적으로 연결된 것을 말한다. 사이버 스페이스라고도 언급되며 앨 고어 같은 사람들은 정보고속도로, 정보

초고속도로, I-웨이, 인포반 등으로 부르기도 한다. 그러나 네트는 순수주의자들—즉, 진정한 사이버 열광자들이 보다 자주 사용하는 용어인 듯하다. 이런 사람들에게는 네트가 반드시 인터넷을 의미한다기 보다는 발로우의 표현대로『세상의 접속된 모든 컴퓨터들의 모든 하드 디스크상의 모든「컴퓨터 부호들」위를 떠다니는 단어와 영상과 음향의 거대한 구름』을 의미하는 다소 초자연적인 용어이다.

네트 섹스(Net sex)　　사이버 섹스 참조.

다운로드(download)　　사이버 스페이스로부터 어떤 것(문서, 사진 또는 배선을 통해 전달될 수 있는 것이라면 어떤 것이나)을 자신의 컴퓨터에 가져오는 것. 이 경우 그것을 종이에 인쇄할 수 있다.

대역폭(bandwidth)　　시간단위로 교환되는 정보의 양. 사이버 스페이스 이론가들이 선호하는 표현으로 하자면 현실은 사람들이 대면으로 만날 때는 개인적인 표정, 몸짓, 말 등을 통해 전달되는 정보의 양이 무궁무진하기 때문에 광대역폭이다. 반면 컴퓨터 네트워크 커뮤니케이션은 협대역폭인데, 이는 대화가 화면상의 단어들로 제한되기 때문이다. 오늘날 사이버 스페이스 연구에 관여하고 있는 많은 이들의 목표가 바로 커뮤니케이션 테크놀로지의 대역폭을 현실에 가깝거나 그에 동등한 수준으로 끌어올리는 것이다.

모뎀(modem)　　컴퓨터를 전화에 연결하여 사람들이 다른 컴퓨터들과 통신하거나 정보를 다운로드받는 등의 작업을 할 수 있게 해주는 장치.

몰핑(morphing)　　디지털 영상 조작 참조.

MOO　　Multiple User Dungeons, Object-Oriented. 대상-지향적인 MUD. 대상은 상상의 장소로서—때로 엄청나게 상세히 기술되기도 함—사람들은 접속하여 역할을 설정함으로써 그곳에 들어갈 수 있다. MOO와 MUD의 차이점은 일반적으로 말해서 MOO는 개인 사용자가 자신의 전용공간을 만들 수 있어서 가상의 방, 가구, 복도 등을 설명함으로써 가상 세계에 추가할 수 있게 한다. 반면에 MUD는 규모면에서 보다 고정되어 있다.

MUD　　Multiple User Dimension or Multiple User Dungeon. MUSH 및

MOO와 동일. 현재 가장 일반적인 사용되는 용어.

MUSH   Multiple User Shared Hallucination. 실질적으로 MUSH가 MUD 이고 MOO이다. 어떤 한 역할을 취해서 가상 세계—마을이나 동굴들의 시스템—를 조종하고 다른 사람들과 상호작용할 수 있는 컴퓨터 게임.

디지털 영상 조작(digital image manipulation)   영상 조작(image manipulation) 참조.

불꽃(flame)   사이버 스페이스에서 다른 사람에게 가하는 난폭한(물론 언어적인) 공격.

불꽃전쟁(flame war)   전쟁 당사자들간에 계속적으로 오가는 화염들.

사이버리즘(cyberism)   스마트 테크놀로지를 이용하여 환경을 우리의 필요와 바램에 보다 잘 반응하게 만듦으로써 환경에 생명을 부여하거나 의인화하고자 하는 경향—예를 들어 사용자를 식별하여 그 사람의 윤곽, 몸무게 등등에 맞춰 적절히 조절될 수 있는 마이크로칩을 내장한 「민감한」 가구를 만들 수 있다.

사이버 섹스(cybersex)   컴퓨터 네트상에서 같은 시간에 접속한 다른 누군가와 공상을 공유하면서 행하는 자위행위. 일반적으로 말하면 자신이 원하는 사람이나 사물로 가장한 두 사람이 그들사이의 성적인 접촉을 묘사한다. 음성 없는 폰섹스. 또한 네트 섹스, 티니 섹스, 가상 섹스, (내가 가장 선호하는 것으로서) 원격성접촉(teledildonics)으로도 알려져 있음.

사이버 스페이스(cyberspace)   일반적인 3차원의 장소가 아니라, 하나의 은유로서 우리가 기거하나 신체적으로는 그곳에 있지 않는 상징적「장소」를 가리킨다. 전화가 그 한 예가 될 수 있다. 우리가 전화를 할 때 우리와 상대편은 일종의 상징적인 공간에서 만난다. 우리는 대화를 하지만—정보, 감정 등등을 서로 나눈다—신체적으로는 함께 있지 않는다. 사이버 스페이스는 네트(Net)라 불리기도 한다.

사이보그(cyborg)   기계-인간 혼성물.

226

사이보르가즘(cyborgasm)　　사이보그로부터 얻게 되는(또는 사이보그
에게 주는) 어떤 것. 사이버 섹스의 미래를 고심하기에 바쁜 이들에게 많은
논의를 불러 일으킨다. 완전히 감각적인 가상 현실이 실현되면 사이보르가즘
은 대유행이 될 것이다.

성 전환(gender surfing)　　사이버 스페이스에서 자신에게 자기와는 다
른 성(gender)을 의미하는 이름을 붙임으로써 다른 성을 취하는 것. 전문가
들에 따르면 대부분의 성 전환은 남성에서 여성으로의 전환이라 한다. 어떤
이유에선지 네트에 접속한 젊은 남성들이 성을 초월한 여성의 역할을 해보려
는 욕구가 매우 강한 듯하다. 그러므로 네트상에서의 오락 중 하나가 알아맞
추기(outing)이다. 대역을 세밀히 관찰해서 진짜 성을 밝히는 것.

업로드(upload)　　예를 들어, 문서와 같은 어떤 것을 개인자신의 컴퓨
터에서 사이버 스페이스로 보내는 것. 발로우 같은 사이버리스트들은 이 용
어를 확대 적용하여 사람들이 스스로를 네트에 업로드시키고 있다고, 즉 자
신의 삶을 물리적인 세계로부터 사이버 스페이스로 이전시키고 있다고 말한
다.

영상 조작(image manipulation)　　컴퓨터에 근거한 다양한 영상 개조
기술들에 대한 대략적인 용어. 시각적 영상이 포함되는 일종의 위조. 기본적
인 작동원리는 다음과 같다. 특수 카메라로 흑백 또는 칼라 인쇄물을 「셀」
또는 「픽셀」라 불리는 현미경 단위로 분해한다. 이때 색 순도, 색조, 강도
등이 디스크에 기록된다. 그런 다음 픽셀들을 이리저리 움직이거나 서로를
대체하여 원래의 그림을 변경시킨다. 예를 들어, 비디오테이프에서 하나의
영상이 유동적으로 변해서 완전히 다른 그림으로 변경될 때 이를 모핑
(morphing)이라 한다.

원격성 접촉(teledildonics)　　사이버 섹스 참조.

인터넷(Internet)　　모든 네트워크의 어머니. 하나의 공통 컴퓨터 언어
에 의해 서로 연결된 컴퓨터 네트워크의 집합. 모든 소규모의 네트워크들이
다 인터넷에 연결되어 있는 것은 아니나 가까운 장래에는 그렇게 될 것이다.

인포반(Infobahn)　　정보고속도로 참조.

인포웨이(Info-way)   정보고속도로 참조.

I-웨이(I-way)   정보고속도로 참조.

전자게시판(BBS) - Bulletin Board Service. 일반적으로 소규모 비(非)상용 서비스로, 전문적인 사안이나 주제에 사용된다. BBS에 접속하면 생각이 같은 사람들과 대화하고 정보를 다운받고 게임을 하는 등등의 서비스를 받을 수 있다.

정보고속도로(information superhighway)   I-웨이, 인포웨이, 인포반, 글로벌 커뮤니케이션 네트워크 등으로도 알려져 있음. 기본적으로는 세계전역의 상호연결된 컴퓨터들의 총집합을 지칭하며, 정보가 이를 통해 이동한다. 네트라고도 함.

티니섹스(tinysex)   사이버 섹스 참조.

PONA   Person of No Account. 사이버 스페이스에서 아무런 중요성을 갖지 않는 사람, 즉 온라인 상태에 있지 않은 사람을 말한다. 만일 여러분이 모뎀이 무엇인지를 모른다면 여러분이 바로 PONA이다.

하이퍼-(hyper-)   cyber와 동일. 내가 아는 한 이 접미사의 유일한 목적은 초보자들을 혼란시키는 것이다.

화신(avatar)   사람들이 사이버 스페이스에서 택하는 등장인물. 가상의 대역 또는 다른 「나」. 밥이라는 사람이 사이버 스페이스에 접속하는 경우 그는 스스로에게 명칭을 부여한다. 스스로를 밥이라 부르거나 자신이 원하는 인물 또는 사물로 가장할 수 있다. 가령, 사람, 동물, 야채, 광물 또는 마린 다이어트릭 또는 말하는 감자. 성 전환(gender surfing) 참조.

■ 역자 약력 ■

● 한국항공대학교 항공전자공학과 졸업
● 연세대학교 산업대학원 공업경영학과 수료
● 데이콤 정보통신사업팀, 천리안 개발부장 역임
● 현재 데이콤 천리안 사업담당 부장

● 저서 및 논문
「인터넷 용어집」「국내 DB산업 활성화방안」
「2000년대 국민생활정보망 구축을 위한 연구」등 다수

사이버스페이스 전쟁

•

지은이 / 마크 슬로카
옮긴이 / 김인환
펴낸이 / 박용정
펴낸곳 / 한국경제신문사
등록 / 제2−315(1967. 5. 15)
제1판 1쇄 인쇄 / 1996년 7월 15일
제1판 1쇄 발행 / 1996년 7월 20일
주소 / 서울특별시 중구 중림동 441
대표전화 / 360−4114
직통 / 313−8293 · 312−0063
FAX / 360−4552

•

＊ 파본이나 잘못된 책은 바꿔 드립니다.
ISBN 89−475−2175−2
값 7,000원

韓經 베스트 셀러

경영혁명

톰 피터스 著
盧富鎬 譯
〈신국판 / 820면 / 13,000원〉

정보화사회는 불확실성이 심화된 사회로 기업경영의 경기규칙과 새로운 경영스타일 등 생존을 위한 변화는 가히 혁명적이라 할 수 있다. 이 책은 전통적 사고에 도전하고 조직이 사람을 위해 존재할 수 있도록 변화를 유도하는 45가지 경영 실천전략을 제시한 기업경영자의 「비즈니스 핸드북」

해방경영

톰 피터스 著
盧富鎬 外 共譯
〈양장 / 1,300면 / 19,000원〉

2000년대의 경영思潮는 무엇이며, 이를 주도할 기업의 생존철학은 무엇인가? 이 책은 장장 1300여 페이지에 걸쳐 좋은 기업을 만들기 위한 조직의 창조적 파괴와 일반통념으로부터의 해방을 핵심테마로 다루고 있다. 자유분방한 필치와 수많은 은유, 패러독스가 곳곳에 번득여 방대한 분량임에도 불구하고 읽는 동안 재미와 해방감·지적 충족감을 더할 수 있다는 것이 이 책의 또 하나의 매력으로 꼽힌다.

경영파괴

톰 피터스 著
安重鎬 譯
〈양장 / 374면 / 8,500원〉

이제 리스트럭처링·리엔지니어링으로는 급변하는 시대를 이길 수 없다. 기업의 조직은 상상을 초월하는 혁신적인 네트워크형이 되어야 한다. 이 책은 세계적 경영컨설턴트인 저자가 새롭고 번뜩이는 아이디어로, 기업을 운영하는 사람들이 재창조와 혁명을 향해 전진할 수 있도록 9개의 「넘어서」를 중심으로 구체적인 혁신방안을 제시한다. 변하지 않는 기업이나 조직은 망한다는 것이 저자의 한결같은 주장이다.

강대국의 흥망

폴 케네디 著
李曰洙·全南錫·黃建 共譯
〈양장 / 720면 / 13,000원〉

역사학자이자 미국 예일대 교수인 저자는 이 책에서 지난 5세기 동안에 전개되었던 강대국들의 흥망성쇠는 그들의 경제력과 군사력의 변화 추이에 의해서 좌우되어 왔다고 진단하면서 앞으로 다가오는 21세기에는 미국·소련·서유럽 등의 쇠퇴와 중국·일본 등 아시아 강국들의 부상을 예언하고 있다.

21세기 준비

폴 케네디 著
邊道殷·李曰洙 譯
〈양장 / 500면 / 9,000원〉

우리에게 충격을 던졌던 「강대국의 흥망」 저자 폴 케네디 교수가 다가올 21세기 문명세계의 각종 위기를 명쾌히 분석·정리한 力著. 이 책은 향후 30년 사이 우리에게 닥칠 도전들과 그 대응방법 그리고 인구폭발, 환경오염, 생물공학, 로봇, 통신수단, 가공할 파워의 양태 등을 특유의 통찰력으로 분석·예견하고 있다.

메가트렌드 2000

J. 나이스비트 외 共著
金弘基 譯
〈신국판 / 366면 / 8,000원〉

90년대는 정치개혁과 경이적인 기술혁신 등으로 지금까지와 전혀 다른 변화양상을 인류에게 줄 것이다. 이 책은 90년대의 변화로 경제호전, 예술의 번영, 시장사회주의의 출현, 복지국가의 쇠퇴 등 과거 어둡고 비관적인 세기말적 변화보다는 밝고 새로운 흐름을 부각시키고 있다.

메가트렌드 아시아

존 나이스비트 著
홍수원 譯
〈양장 / 402면 / 9,500원〉

미래예측가로 세계적 명성을 떨치고 있는 나이스비트는 21세기에는 아시아가 미국주도의 상품과 소비시장에 가장 중요한 경쟁자로 떠오를 것으로 내다보고 현재 역동적으로 변화하는 아시아의 모습을 8가지 트렌드로 분석했다. 특히 아시아와 세계라는 맥락 속에서 한국에 나타나고 있는 폭넓은 변화들을 살펴보고 한국이 아시아에 기여할 수 있는 방안도 짚고 있다.

20세기를 움직인 思想家들

기 소르망 著
姜偉錫 譯
〈신국판 / 426면 / 8,000원〉

20세기 사상계에 결정적인 영향을 끼친 사람들은 과연 누구인가? 프랑스의 저명한 경제학자이자 사회학자인 기 소르망이 29명의 생존해 있는 현대 최고의 사상가들과 직접 인터뷰를 통해 그들 자신이 선택한 분야에 전생애를 바친 사상과 사색의 놀라운 통찰을 기록·정리한「살아있는 도서관」.

資本主義 종말과 새 世紀

기 소르망 著
金廷銀 譯
〈양장 / 628면 / 13,000원〉

세계적인 석학인 저자는 자본주의 체제를 위협하는 것은「도덕적 불만」과「자본주의에 대한 몰이해」라고 주장하고 러시아·중국·독일·인도 등 20여개국의 자본주의의 현재 모습을 생생히 그리고 있다. 또한 현재의 자본주의의 위기를 극복하기 위한 구체적인 실천방안에 대해서도 통찰하고 있다. 방대한 분량인데도 르포형식이어서 전혀 지루하지 않다.

未來企業

피터 F. 드러커 著
高柄國 譯
〈신국판 / 416면 / 8,000원〉

우리 시대의 가장 뛰어난 사회·경영학자이자 미래학자인 드러커의「변혁시대 기업생존전략 연구서!」이 책은 세계경제가 빠르게 바뀌어 감에 따라 기업의 새로운 생존 경영전략 모델, 즉 기업이 살아남기 위한 5가지 변화조건을 예리하게 분석·고찰했다. 특히 사회·경제학 시각에서 세계경제 흐름을 통찰한 力著.

자본주의 이후의 사회

피터 F. 드러커 著
李在奎 譯
〈양장 / 328면 / 7,000원〉

사회주의권의 급격한 몰락 이후 탈냉전 분위기가 고조되고 있는 시점에서 향후 세계 변화가 주요 관심사로 떠오르고 있다. 저자는 이 책에서 향후 세계는 자본주의적 시장구조와 기구는 그대로 존속되겠지만 주권국가의 통제력은 약화되고 전문지식을 갖춘 지식경영자 중심의 글로벌화 사회가 될 것으로 예측하고 있다.

미래의 결단

피터 드러커 著
이재규 譯
〈양장 / 408면 / 9,000원〉

현대 경영학의 대부, 피터 드러커는 이 책에서「스스로를 다시 생각함으로써 회생할 수 있다」고 전제하고 기업의 5가지 치명적 실수, 가족기업을 경영하는 규칙, 대통령을 위한 6가지 규칙, 새로운 국제시장의 개발, 3가지 종류의 팀조직, 오늘날 경영자들이 필요로 하는 정보 등 바람직한 미래를 실현하기 위한 방안을 제시했다. 21세기를 위한 새롭고 시의적절한 경영지침서.

株式市場 흐름 읽는 법

浦上邦雄 著
朴承源 譯
〈신국판 / 200면 / 4,000원〉

언뜻 보기에 무질서하고 예측이 불가능해 보이는 주식시장도 장기적으로 보면 특정한 네 개의 국면을 반복하고 있다는 것을 알 수 있다. 이 책은 이 네 개의 국면이 어떤 요인에 의해 순환되고 각각의 국면에서 어떤 종목이 활약하는가를 숙지할 수 있는 안목을 제시해주고 주식투자시 리스크를 피하는 방법에 대해서도 설명하고 있다.

2020년

해미시 맥레이 著
金光田 譯
〈양장 / 408면 / 9,000원〉

다양한 인종만큼이나 상이한 정치·경제체제와 독특한 문화양식을 지니고 있는 세계 각국은 저마다의 주무기를 앞세워 미래를 설계하고 있다. 경제평론가인 저자는 앞으로 국가경쟁력을 결정짓는 요인은 기술이 아니라 문화라고 강조한다. 현재 세계 각국이 처해 있는 상황을 바탕으로 치밀하게 전망한 2020년경의 세계 각국의 모습에서 우리의 진로는 어떻게 모색해야 할 것인가?

제 4 물결

허먼 메이너드 2세
수전 E. 머턴스 共著
韓榮煥 譯
〈양장·4×6판 / 239면 / 5,000원〉

21세기의 범세계적 기업을 위한 낙관적 비전을 제시하고 있는 이 책은 한마디로 앨빈 토플러의《제3물결》을 넘어 장기적 미래의 비전에 집중하고 있다. 지금 우리가 공업화를 상징하는「제2물결」에서 탈공업화적인「제3물결」로 전이하고 있지만, 머지 않은 곳에서 새로운 차원의「제4물결」이 밀려오고 있다고 진단하고 있다.

장사꾼으로 거듭나는 사무라이 혼

金亨澈 著
〈신국판 / 372면 / 7,000원〉

일본의 자민당 정권이 붕괴된 이후 연립정권이 난립하고 고베 대지진, 증권스캔들, 옴 진리교 사건 등이 일어난 격동기에 필자가 주일특파원으로 취재하며 느낌을 쓴 현장 르포다. 기자의 눈을 통해 「기모노 속에 감춰진 진짜 일본」을 만난다.

유머人生 1~5

韓國經濟新聞社 出版部 編
〈4×6판 / 244면 / 4,500원〉

많은 독자들이 1980년 12월부터 본지에 연재되고 있는 「海外유머」를 책으로 출판했으면 어떨지, 그런 계획은 없는지 물어왔다. 이 책은 독자들의 그러한 성원에 보답하자는 취지로 출판되었으며 우스갯소리 가운데서 인생의 묘미도 느끼고 영어공부도 할 수 있게끔 어려운 단어나 語句에는 주석을 달아 독자들의 이해를 돕고자 노력했다.

암 이렇게 하면 두렵지 않다

엘리자베스 웰런 著
민진식 監譯
〈신국판 / 350면 / 8,000원〉

암의 원인과 관계되는 발암물질, 역학조사, 그리고 생활주변에서 많이 발생하는 암의 위험요소에 대한 방대한 문헌과 보고서를 분석 정리했다. 또 이미 알고 있는 암 유발요인을 쉽게 설명하고 암 학자들의 연구결과와 철저한 문헌조사, 특히 인간에 대한 직접 연구결과에 근거한 암 원인을 전반적으로 개관하여 예방의학의 길을 제시했다. 감역자는 연세대 의대 암센터원장.

사장님, 원가를 아십니까

鄭明煥 著
〈신국판 / 220면 / 5,000원〉

원가의 개념을 정확히 이해하지 못하고 경영한 결과 장부상으로는 흑자임에도 결손이 나는 등 어려움을 겪는 경우가 흔히 있다. 이 책은 경영자는 물론 회계와 기획담당자를 포함한 기업 관계자들에게 원가의식과 관리회계의 개념을 심어준다는 취지에서 원가에 관련된 제반사항을 소설식으로 알기쉽게 다룬 力著

프로 영업인이 되는 길

시라이 기요시 著
朱明甲 譯
〈신국판 / 240면 / 5,000원〉

번번히 뛰어난 실적으로 동료들의 부러움을 사는 사람이 있다. 이런 사람은 흡사 영업의 귀재, 타고난 영업인처럼 보인다. 그러나 잘 나가는 영업사원과 그렇지 못한 영업사원의 차이는 반드시 있게 마련. 이 책은 결코 평탄하지만은 않은 영업의 세계에 입문하거나 프로로 거듭나기를 바라는 영업사원들이 갖춰야 할 지식에서부터 각양각색의 고객을 다루는 방법까지 100가지 성공비결을 공개하고 있다.

中國을 넘어야 한국이 산다

崔弼圭 著
〈신국판 / 260면 / 5,000원〉

최근들어 한국 기업의 중국 진출이 러시를 이루고 있으나 중국의 문화와 관습을 정확하게 이해하지 못한데서 많은 어려움에 부딪치고 있다. 이런 시점에서 쓰여진 이 책은 중국인들의 상술을 예리하게 파헤치고 있으며 한국 기업이 중국 현지에서 맞닥뜨리는 여러 사안들에 관해 심도 있게 분석하고 대안을 제시하고 있다.

멀티미디어 시대

조지 길더 著
權和爕 譯
〈신국판 / 208면 / 5,000원〉

이 책에서 저자는 단순영상매체인 TV는 종언을 고하게 되었고 TV의 기능에 컴퓨터와 광통신 기능이 부가된 네트워크망을 갖춘 종합미디어로서의 텔레퓨터가 멀티미디어 시대에 주역으로 등장할 것을 예고한다. TV를 보면서 진행자와 대담을 나누고 가상현실을 즐길 수 있는 놀랍고도 신기하기까지 한 세계의 출현을 예고하고 있다.

기업혁신 팀경영

존 R. 카첸바크·더글러스 K. 스미스 共著
梁浚容 譯
〈신국판 / 364면 / 7,000원〉

구성원의 기술·경험·통찰력을 결합한 「팀」제는 개개인보다 월등한 업무능력을 지니고 있으며 업무의 내용이 복합적이거나 판단능력·경험이 필요한 경우 더욱 돋보인다. 이 책은 다양한 사례를 중심으로 집단적인 작업생산, 개인적인 성장 그리고 고능률 업무수행을 위한 팀경영의 비결을 소개하고 있다.

21세기 기업

제이 R. 갤브레이스 · 에드워드 E. 롤러 3세 共著
朴秀圭 譯
〈신국판 / 410면 / 8,000원〉

이 책은 21세기의 시장환경에 적응하고 살아 남기 위한 조직구조를 체계적으로 고찰하고 있으며 역동적인 환경에 대처할 관리관행과 경영체계를 심도있게 분석하고 있다. 또한 저자들은 지식업무 및 관리팀, 기량 중심의 인적자원 시스템 구축, 스태프진 분산과 네트워크 구축 등의 새로운 조직창출 방법을 다양하게 구사하고 있다.

기업간 · 업종간 전략적 제휴

조셉 L. 배더러코 2세 著
韓榮煥 譯
〈신국판 / 264면 / 6,000원〉

지식이 국가와 기업의 경계를 넘어 급속히 이동하고 세계화 됨에 따라 새로운 기술과 제품이 정신없이 쏟아져나오고 있다. 이제 어떤 사회도 필요한 모든 기술과 제품을 독자적으로 해결할 수는 없다. 이 책은 많은 회사들의 요새와 같던 담을 무너뜨리고 경쟁예상자와 손을 잡고 제품을 생산하고 기술과 능력을 개발하는 방법을 보여주고 있다.

결혼경제학

八代尙宏 著
李均 譯
〈신국판 / 200면 / 4,500원〉

결혼과 그 주변문제에 대해 경제학적 측면에서 분석했다. 모든 결혼이 정신적 · 물질적 행복을 보장해 주는 것은 아니다. 남녀의 결합으로 성립되는 「가정주식회사」는 운영의 묘에 따라 번창하기도 하고 파국을 몰고오기도 한다. 결혼적령기 남녀, 결혼생활을 하고 있는 모든 사람들을 위한 필독서.

정보고속도로의 꿈과 악몽

대니얼 버스타인 · 데이비드 클라인 共著
김광전 譯
〈신국판 / 472면 / 9,500원〉

세계적인 컨설턴트 버스타인과 컴퓨터 잡지 〈와이어드〉의 객원편집위원인 클라인이 정보고속도로와 디지털이 꿈꾸는 미래의 이상과 그에 따른 문제들을 분석하고 해결책을 제시했다. 특히 정보산업의 발전과정에서 진행된 미국과 세계적인 기업의 사업전략, 그들간의 싸움을 흥미진진하게 엮고 있으며 디지털 혁명이 몰고올 사회변화까지 상세히 설명했다.

거꾸로 선 아버지 바로 세우기

레벤 바 - 레바브 著
김광전 譯
〈신국판 / 348면 / 8,000원〉

정신과 전문의인 저자가 현대 가정이 지닌 문제점과 자라나는 아이들이 겪는 여러 가지 비극과 그 대안들을 정신분석학적 방법으로 제시했다. 오늘날 우리 사회가 안고 있는 청소년 문제의 근원은 대부분 가정에 있으며 특히 아버지의 역할이 부족한데서 비롯된다고 보고 있다. 훌륭한 아버지의 역할과 훌륭한 아버지가 되는 실용적인 아이디어를 구체적으로 제시하고 있다.

여자의 육체 남자의 시선

장 클로드 코프만 著
김정은 譯
〈신국판 / 392면 / 8,500원〉

독창적이고 신중한 연구라는 평을 받은 파리 5대학 사회학자의 흥미롭고도 심도 있는 저서. 저자는 2년 동안 해변에서의 토플리스 연구를 통해 은밀하면서도 흥미로운 규칙을 발견한다. 형태, 나이, 문화, 해변의 상황에 따라 여자들은 각기 나름의 행동규칙을 준수하며 자신들에게 보내는 시선의 신호를 이해하여 몸의 자세로 또는 적당한 제스처로 그것에 응한다고 보고 있다.

안자(상 · 중 · 하)

미야기타니 마사미쓰 著
신봉승 · 김하중 譯
〈양장 / 4×6판 / 384면 내외 / 각권 6,500원〉

열국의 제후들이 대륙의 패권을 놓고 싸우는 춘추 시대를 배경으로 격동의 역사를 헤쳐나가는 명재상 안자의 일대기를 그리고 있다. 난세 속에서도 안자는 충(忠)과 의(義)를 지키며 정도(正道)만을 걷는다. 국가 경영의 참다운 모습, 인간관계의 원형을 보여주는 그의 독특한 철학을 통해 당시의 시대정신과 사회상을 조명한다.

大商(상 · 하)

정종명 장편소설
〈신국판 / 상권 348면, 하권 336면 / 각권 6,000원〉

간신 유자광에게 핍박받고 공신 박원종의 비호를 받으면서 혁신정치의 풍운아 조광조에게 도전했던 조선 제일의 巨商 서용근의 일대기를 그리고 있다. 천부적인 장사꾼 기질과 처세술로 조선의 상권을 한손에 거머쥐고 정치권과도 밀착, 정권을 좌지우지했던 서용근의 파란만장한 생애가 흥미진진하게 펼쳐진다. 가공인물 서용근이 보여주는 일련의 정치행각이 특히 흥미롭다.